LECTURAS DIARIAS TOMADAS
DE

EL PODER DEL YO SOY

LECTURAS DIARIAS TOMADAS

DE

EL
PODER DEL
YO SOY

JOEL OSTEEN

FaithWords

NEW YORK | BOSTON | NASHVILLE

Tyndale House Publishers, Inc., 351 Executive
Dr., Carol Stream, IL 60188, Estados Unidos
de América. Todos los derechos reservados.

Las citas bíblicas marcadas con (NBLH)
han sido tomadas de la Nueva Biblia
Latinoamericana de Hoy, Copyright © 2005 by
The Lockman Foundation, La Habra, California.

Las citas de la Escritura marcadas (LBLA)
corresponden a La Biblia de las Américas
© Copyright 1986, 1995, 1997 por The
Lockman Foundation. Usada con permiso.

Las citas bíblicas marcadas (PDT) han
sido tomadas de *Palabra de Dios para todos*,
Copyright © 2005, 2008, 2012, Centro Mundial
de Traducción de La Biblia, Copyright © 2005,
2008, 2012 World Bible Translation Center.

Las citas de la Escritura marcadas
(DHH) corresponden a la Santa Biblia,
Dios habla hoy ®, Tercera edición ©
Sociedades Bíblicas Unidas, 1966, 1970,
1979, 1983, 1996. Usada con permiso.

Desarrollo literario por:
Lance Wubbels Literary Services, LLC

Portada y diseño interior por: Koechel Peterson
& Associates, Inc., Minneapolis, Minnesota

Este libro se adaptó de *El poder del yo
soy* copyright © 2015 por Joel Osteen.
Publicado por FaithWords.

This edition published by arrangement
with FaithWords, New York, New
York, USA. All rights reserved.

FaithWords
Hachette Book Group
1290 Avenue of the Americas
New York, NY 10104
www.faithwords.com

Impreso en los Estados Unidos de América

RRD-C

Primera edición: Noviembre 2016
10 9 8 7 6 5 4 3 2 1

FaithWords es una división de
Hachette Book Group, Inc.

International Standard Book
Number: 978-1-4555-4063-1

Todo lo puedo en Cristo
que me fortalece.

Filipenses 4:13

PRÓLOGO

¿Alguna vez se ha preguntado si posee fuerza interior, talentos naturales y capacidades únicas que lo ayuden a prosperar con seguridad y éxito? ¿Quiere edificar la confianza para poder enfrentar cualquier obstáculo que se le presente?

Mi amigo, durante los próximos 365 días, quisiera que juntos emprendamos el viaje de su vida y explore un principio simple pero profundo que podrá ayudarlo a responder esos interrogantes y alcanzar sus sueños y objetivos. Con las palabras "yo soy", puede controlar sus éxitos o fracasos, transformar su imagen, dar lugar a las cosas correctas y redireccionar el curso de su vida hacia su destino.

YO SOY. ¿Pueden estas dos palabras otorgarle el poder para cambiar su vida? ¿Pueden ayudarlo a descubrir capacidades únicas y virtudes que desconocía tener y guiarlo a una vida más productiva y feliz? ¡Desde luego!

¿Por qué? Porque todo aquello que prosigue a estas dos palabras determinará el curso de su vida. Todo enunciado que prosigue a las palabras "yo soy" siempre vendrá por usted. Por tanto, cuando en el transcurso de su día declara: "Yo soy bendecido", las bendiciones lo perseguirán. Cuando expresa: "Yo soy una persona sana", la sanidad lo encontrará. Cuando dice: "Yo soy fuerte", las fuerzas lo buscarán. ¡Esto transformará su vida!

He escrito este devocional con el propósito de que pueda sacar provecho de *El poder del yo soy* y convertirse en la persona que Dios predestinó que sea: una obra maestra original y sorprendente, escogida por el Dios Altísimo para hacer grandes cosas. Aprenderá a declarar poderosos "yo soy" para su vida, los cuales le proporcionarán una guía práctica y le animarán a edificar una vida sin limitaciones. Es hora de que deje de criticarse a sí mismo y descubra una vida extraordinaria.

Confío en que estos devocionales lo inspirarán en su caminar diario con Dios. Si bien no pretenden remplazar su tiempo personal con Dios, es mi deseo que estas lecturas sean llaves que usted pueda usar para abrir puertas que lo conducirán a una vida más abundante. Espero que sean un punto de partida para ayudarlo a acercarse más a Dios y a vencer los desafíos u obstáculos que puedan impedirle que descubra una mejor vida.

Su vida puede ser transformada y renovada en la medida en que permita que la Palabra de Dios refresque y redefina su manera de pensar, de hablar y sus actividades cotidianas.

Encontrará una riqueza de escrituras y puntos para meditar. Permita que estas escrituras hablen a su corazón. Esté quieto y escuche lo que Dios le diga. Día a día, las barreras que lo retienen comenzarán a romperse y a caer de su vida.

Sin importar qué clase de desafíos o dificultades enfrente, puede elegir elevarse a un nuevo nivel e invitar la bondad de Dios a su vida, al enfocarse en estas dos palabras: YO SOY.

LECTURAS DIARIAS TOMADAS DE

EL
PODER
DEL *YO SOY*

*Cada uno se sacia del
fruto de sus labios…*
PROVERBIOS 12:14

Ya sea que se dé cuenta o no, a lo largo del día el poder del "yo soy" obra en su vida, porque lo que sigue a esas dos palabras sencillas determinará el tipo de vida que usted viva. Los "yo soy" que salgan de su boca le traerán ya sea éxito o fracaso.

Este es el principio: *Todo aquello que prosiga al "yo soy" finalmente lo alcanzará.* Cuando usted dice: "Soy tan torpe", la torpeza viene en su búsqueda. "Estoy tan viejo", las arrugas vienen a buscarlo. "Estoy tan gordo", las calorías lo perseguirán. Es como si las estuviera invitando. Le está extendiendo una invitación a lo que sea que siga al "yo soy", le está abriendo la puerta y le está otorgando el permiso de estar en su vida.

Ejercer el poder

*Pero por la gracia de Dios soy lo que soy; y su
gracia no ha sido en vano para conmigo...*
1 CORINTIOS 15:10 (RVR 1960)

Muchas veces, ejercemos el poder del "yo
soy" en contra de nosotros mismos, sin
darnos cuenta de cómo afecta nuestro futuro.
Por esa razón tenemos que ser cuidadosos
con lo que pronunciamos después del "yo soy".
Jamás diga: "Soy tan poco afortunado", ya que
de este modo invita a la decepción. "Soy una
persona en quiebra. Estoy muy endeudado";
está extendiéndole una invitación a los problemas, está invitando a la escasez.

La buena noticia es que usted puede escoger
lo que le sigue al "yo soy". Cuando pasa el día
diciendo "Yo soy bendecido", las bendiciones
vienen a buscarlo. "Soy talentoso", el talento
viene a buscarlo. Tal vez no se sienta a la altura,
pero cuando dice: "Soy saludable", la salud comienza a avanzar en su dirección. "Soy fuerte",
la fortaleza comienza a perseguirlo. Usted está
invitando esas cosas a su vida.

Invite cosas buenas

Mi lengua es como pluma de hábil escritor.
SALMO 45:1

Cuántas personas al levantarse por la mañana, se miran en el espejo, sacuden su cabeza y lo primero que dicen es: "Estoy tan viejo. Estoy tan arrugado". Usted está invitando a la fatiga. Está extendiéndole una invitación a la ancianidad. Háganos a todos un favor: deje de hacer tales invitaciones.

Necesita enviar algunas nuevas invitaciones. Levántese por la mañana e invite cosas buenas en su vida. "Yo soy bendecido. Soy fuerte. Soy talentoso. Soy sabio. Soy disciplinado. Estoy enfocado. Soy próspero". Cuando habla así, el Dios Todopoderoso manda a llamar al talento: "Ve y encuentra a esa persona". La salud, la fortaleza, la abundancia y la disciplina comienzan a avanzar en su dirección, ¡y no le cuesta nada!

Hermosa

morena soy, pero hermosa,
hijas de Jerusalén.
CANTARES 1:5

Algunas personas jamás han dicho: "Soy hermosa. Soy de buen parecer". Están tan enfocadas en sus defectos y en lo que no les gusta de sí mismas y en cómo les gustaría tener más acá y menos allá. Cuando usted dice: "Soy bien parecido", la belleza viene a buscarlo. La juventud y la frescura vienen a buscarlo. ¡Nadie más puede hacer esto por usted! Tiene que salir de su propia boca.

No solo eso, sino que dentro de usted su espíritu cobra vida. Su autoimagen comienza a mejorar y usted empezará a desenvolverse como si fuera alguien especial. No se arrastrará sintiéndose inferior. La belleza no depende de lo delgado o alto que sea, o en cuan perfecto luzca. La belleza se encuentra en ser quien Dios lo creó para ser con confianza.

Creación de Dios

"Antes de formarte en el vientre, ya te había elegido; antes de que nacieras, ya te había apartado".

JEREMÍAS 1:5

No vaya por la vida diciéndole a otros lo mal que se siente consigo mismo, ya sea con respecto a su apariencia o a su personalidad. Nunca debe criticarse, especialmente enfrente de su cónyuge. Lo último que necesita escuchar es lo mal que usted piensa que se ve. No ponga esos pensamientos negativos en su mente.

Dios lo creó tal cual es a propósito. Él le dio su apariencia, su altura, el color de su piel, su nariz, su personalidad. Nada acerca de usted es por accidente. Usted no se traspapeló; no se quedó fuera. Dios lo llama su obra maestra. En lugar de ir por la vida sintiéndose mal por ser quién es, demasiado alto, muy bajo, no suficiente de eso o demasiado de aquello, atrévase a declarar: "Yo soy una obra maestra. He sido creado a la imagen del Dios Todopoderoso".

Admirable y maravillosa

Te agradezco porque me hiciste de una manera maravillosa; sé muy bien que tus obras son maravillosas.
SALMO 139:14 (PDT)

Observe los "yo soy" de David. Él estaba diciendo, no por orgullo, sino en alabanza a Dios: "Soy maravilloso. Soy asombroso. Soy una obra maestra". Esto va en contra de la naturaleza humana. La mayoría de nosotros piensa: *No hay nada asombroso en mí. Nada maravilloso. Soy simplemente promedio. Soy una persona común.* Pero el hecho es que no hay nada común sobre usted. Nunca existirá otro como usted. Aún si tuviera un gemelo idéntico, alguien que luciera exactamente como usted, no tendría su misma personalidad, sus mismas metas o incluso sus mismas huellas digitales. Usted es una obra original. Cuando Dios lo creó, tiró el molde. No obstante, mientras vaya por la vida pensando: *Solo soy promedio. No hay nada especial acerca de mí,* el "yo soy" equivocado le impedirá que se levante más alto.

Te puse nombre

Ahora, así dice Jehová,
Creador tuyo, oh Jacob, y
Formador tuyo, oh Israel: No
temas, porque yo te redimí;
te puse nombre, mío eres tú.
ISAÍAS 43:1 (RVR 1960)

En lugar de criticarnos y enfocarnos en todos nuestros defectos, durante todo el día —no frente a otras personas, sino en privado, conduciendo al trabajo y en nuestra soledad— sea tan valiente como lo fue David y diga: "Yo soy asombroso. Soy maravilloso. Soy valioso. Soy una obra maestra. ¡Soy hijo del Dios Altísimo!". Cuando hable así, cosas sorprendentes lo perseguirán. Lo asombroso comenzará a avanzar en su dirección. Usted no tendrá esa mentalidad débil, derrotada de: "Solo soy promedio"; sino que se desenvolverá como un rey, como una reina. No en orgullo. No siendo mejor que alguien, sino con una confianza apacible, con el conocimiento de que usted ha sido escogido por el Creador del universo y que tiene algo maravilloso que ofrecerle a este mundo.

8 DE ENERO

❖❖❖

Realeza

"A Saray, tu esposa, ya no la llamarás Saray,
sino que su nombre será Sara... Tanto la
bendeciré, que será madre de naciones, y
de ella surgirán reyes de pueblos".
GÉNESIS 17:15-16

Dios le prometió a Saray y a su marido, Abram, que tendrían un hijo. Pero Saray tenía ochenta años, mucho más de los años para concebir. En esa época, si una esposa no podía concebir y darle a su marido un hijo, era considerada un fracaso. Puedo imaginarme algunos de sus "yo soy": "Soy un fracaso. Soy inferior a otras mujeres. No soy lo suficientemente buena".

Dios sabía que la promesa de un hijo no se cumpliría a menos que convenciera a Saray a cambiar sus "yo soy". Era tan imperativo que ella tuviera esta nueva mentalidad que Dios de hecho le cambió el nombre de *Saray* a *Sara*, que significa "princesa". Al ayudar a Sara a pasar de: "Soy un fracaso" a "Soy una princesa" cambió todo.

❈

Reinará en vida

...con mayor razón los que reciben en abundancia
la gracia y el don de la justicia reinarán en
vida por medio de un solo hombre, Jesucristo.
ROMANOS 5:17

Cuando Dios cambió el nombre de Saray a Sara, que significa "princesa", ella escuchó esto una y otra vez. Estas palabras penetraron en su interior y comenzaron a cambiar su autoimagen. Sara pasó de: "Estoy avergonzada" a "Estoy coronada por el Dios Todopoderoso". En lugar de inclinar su cabeza en derrota, comenzó a tener la cabeza muy en alto. Pasó de: "No soy lo suficientemente buena" a "Soy hija del Dios Altísimo". De: "Soy inferior" a "soy una obra formidable y maravillosa". Su nueva actitud se tornó en: *Soy una obra maestra.*

El espíritu de princesa entró en el interior de Sara. Transformó su autoimagen. He aprendido que tiene que cambiar por dentro antes de ver un cambio externo. En contra de todo pronóstico, dio a luz a un bebé. La promesa se cumplió.

Un nuevo nombre

"Ya no te llamarás Abram, sino que de ahora en adelante tu nombre será Abraham, porque te he confirmado como padre de una multitud de naciones".

10

DE ENERO | **GÉNESIS 17:5**

Así como fue cierto para Sara, quizá haya habido muchas cosas en la vida que han tratado de desanimarlo: malas oportunidades y decepciones, incluso tal vez la gente lo haya tratado de hacerlo sentir como si no estuviera a la altura o como si no fuera lo suficientemente talentoso. Fácilmente podría permitir que esa semilla entre en usted, arruine su sentido de valor y provoque que viva de una manera inferior.

Pero Dios le está diciendo lo que le dijo a Saray: "Quiero que cambies tu nombre", no literalmente, sino en su actitud. Sacúdase las cosas negativas que la gente ha dicho acerca de usted y deje de decirse a sí mismo que está acabado. Haga como hizo Sara y declare: "Soy de la realeza. Estoy coronada con favor. Estoy emocionada por mi futuro".

Palabras que emanan vida

11
DE ENERO

En la lengua hay poder de vida y muerte; quienes la aman comerán de su fruto.
PROVERBIOS 18:21

Las palabras tienen poder creativo. Pueden ser muy útiles como la electricidad. Usada adecuadamente, la electricidad enciende luces, aires acondicionados y todo tipo de cosas buenas. Sin embargo, cuando la electricidad se usa de manera incorrecta puede dañarlo, incluso matarlo. Sucede lo mismo con nuestras palabras. Depende de usted el escoger qué le sigue al "yo soy".

¿Qué clase de "yo soy" salen de su boca? "Soy victorioso. Soy bendecido. Soy talentoso. Soy ungido". Cuando declara los "yo soy" correctos, está invitando a la bondad de Dios. Lo animo a que nunca haga declaraciones negativas acerca de usted mismo. Eso es maldecir su futuro. Hágase un favor y guárdeselo. Ya tenemos suficiente en la vida en nuestra contra. No se ponga usted en su contra.

Por fe

*...Dios, que da vida a los muertos y llama a
las cosas que no existen, como si existieran.*

ROMANOS 4:17 (LBLA)

La escritura de hoy sencillamente significa
que no debería hablar acerca de cómo
usted es ahora. Hable acerca de la manera en
que quiere ser. Si está teniendo dificultades en
sus finanzas, no vaya por allí diciendo: "Qué
barbaridad, el negocio no crece. La economía
está tan mal. Nunca va a funcionar". Esto es
llamar las cosas que son como si siempre fueran
a ser de esa manera. Es simplemente describir
la situación. Por fe usted tiene que decir: "Soy
bendecido. Soy una persona exitosa. Estoy rodeado del favor de Dios".

La Escritura dice: "Diga el débil: Fuerte soy"
(Joel 3:10, RVR1960), y no lo opuesto: "Estoy
tan cansado. Estoy tan agotado". Diga el pobre:
"Soy pudiente", y no: "Estoy quebrado. Estoy tan
endeudado". No llame a las cosas equivocadas.

Así dice Dios

El Señor te pondrá a la cabeza, nunca en la cola.
DEUTERONOMIO 28:13

¿Alguna vez ha permitido que lo que le dijo alguien —un entrenador, un maestro, uno de sus padres, un excónyuge— plante semillas negativas sobre lo que usted no puede hacer? "No eres lo suficientemente inteligente, no tienes la disciplina o talento suficiente. No eres muy atractivo. Siempre serás un mediocre y lucharás con tu peso". ¡Deshágase de esas mentiras! Ese no es usted. Usted es quien Dios dice que es.

La gente tal vez haya tratado de decirle quién no puede ser o en qué no puede convertirse. Que dichas declaraciones le entren por un oído y le salgan por el otro. Lo que alguien dice acerca de usted no determina su destino; *Dios sí*. Necesita saber no solo quién es usted, sino también quién no es. En otras palabras: "Yo no soy quien la gente dice que soy. Soy quien Dios dice que soy".

Sin intimidación

No se dejen intimidar por sus enemigos de ninguna manera.
FILIPENSES 1:28 (NTV)

Usted tiene dones y talentos que aún no ha descubierto. Existe un tesoro dentro de usted. Los pensamientos negativos tratarán de mantenerlo oculto. El enemigo no quiere que alcance todo su potencial. Hay fuerzas que constantemente tratan de hacerlo sentir intimidado, inferior, descalificado. Si está dispuesto a cumplir su destino, va a tener que sacudirse las voces negativas.

Sacúdase los pensamientos que le están diciendo: *No soy capaz. No estoy calificado.* No invite la debilidad. No le extienda una invitación a la intimidación. Antes de que naciera, Dios lo equipó. Lo vistió de poder. No carece de nada. Cuando sabe que tiene la aprobación de Dios, se da cuenta: *No necesito la aprobación de otras personas. ¡El Creador del universo me ha equipado, facultado y ungido!*

Cambie sus "yo soy"

*Porque tú, Señor, bendices
a los justos; cual escudo los
rodeas con tu buena voluntad.*
SALMO 5:12

Conozco a un hombre a quien un consejero le dijo que no era muy inteligente y que debería enfocarse en un trabajo de la fábrica que requiriera menos aptitudes, y así lo hizo. Años más tarde, fue empleado en otra fábrica en donde le realizaron una prueba de coeficiente intelectual, cuya puntuación fue evaluada a nivel de genio. Siguió adelante para emprender su propio negocio, e inventó y patentó dos productos sumamente exitosos.

¿Qué sucedió? Cambió sus "yo soy". ¿Podría ser que lo que alguien le haya dicho esté impidiendo que reciba lo mejor de Dios? Haga lo que hizo este hombre. Cambie sus "yo soy". Alinéese con Dios y declare quién es usted y sepa quién no es. "Nada me falta. No soy inferior. Estoy equipado. Estoy facultado".

Manténgase alerta

Éste fue el informe: Fuimos al país al que nos enviaste, ¡y por cierto que allí abundan la leche y la miel! Aquí pueden ver sus frutos. Pero...
NÚMEROS 13: 27-28

En Números 13, Moisés envió a doce hombres para espiar la Tierra Prometida. Después de cuarenta días, diez de ellos volvieron y dijeron: "Moisés, no tenemos oportunidad alguna. Las ciudades están fortificadas y son muy grandes y la gente es gigante. Comparados a ellos nos sentimos como si fuéramos saltamontes". Observe sus "yo soy". "Soy débil. Soy inferior. Estoy intimidado. Estoy asustado". ¿Qué sucedió? El temor, la intimidación, la inferioridad golpean a sus puertas.

Resulta interesante que el informe negativo de los diez espías se extendió como fuego a lo largo del campamento. En poco tiempo, unas dos millones de personas estaban intimidadas y temerosas. Cuando la gente murmure, se queje y declare derrota, manténgase alerta. Asegúrese de no permitir que el "yo soy" equivocado se arraigue en su vida.

Sea un Josué

"…no teman al pueblo de esa tierra. ¡Para nosotros son como presa indefensa! ¡Ellos no tienen protección, pero el Señor está con nosotros! ¡No les tengan miedo!".

NÚMEROS 14: 9 (NTV)

En Números 13, los diez hombres enviados a espiar la Tierra Prometida regresaron con un informe negativo. Los otros dos espías, Josué y Caleb, dijeron: "Moisés, es verdad, la gente es de gran estatura, pero sabemos que nuestro Dios es mucho mayor. Sí podemos. Vayamos y tomemos la tierra de una vez". Sus "yo soy" eran exactamente lo opuesto. "Soy fuerte. Estoy equipado. Tengo confianza. Soy más que vencedor".

Sin embargo, nadie en el campamento le prestó atención al informe de fe de Josué y Caleb. No permita que ese sea su destino. Tal vez se encuentre atravesando algunos obstáculos importantes. Lo animo a que pueda levantarse como un Josué. Sea un Caleb. "Yo puedo". Asegúrese de que salgan de su boca los "yo soy" correctos.

18 DE ENERO

※

Tenga mucho cuidado

Así que diles de parte mía: "Juro por mí mismo,
que haré que se les cumplan sus deseos…".

NÚMEROS 14: 28

El pueblo de Israel estaba tan afligido por el informe negativo de los diez espías que se quejaron en contra de Moisés y Aarón: "¿Por qué siquiera nos trajeron aquí? Vamos a morir en el desierto. Nuestros hijos, nuestras esposas, van a ser tomados por botín".

Dios les respondió algo muy poderoso y muy aleccionador. Dijo en Números 14: "Haré con ustedes precisamente lo que les oí decir. Dijeron que morirían en el desierto, por tanto, caerán muertos en este desierto". Dios nos está diciendo lo mismo a nosotros. "Haré con ustedes exactamente lo que les oí decir". Jamás diga: "Soy débil. Estoy intimidado. Soy inferior". Mi amigo, el "yo soy" equivocado puede evitar que llegue a su destino.

❖❖

Semillas de grandeza

*"En cambio, a mi siervo Caleb, que ha
mostrado una actitud diferente y me ha
sido fiel, le daré posesión de la tierra que
exploró, y su descendencia la heredará".*

NÚMEROS 14: 24

¿**R**ecuerda haber leído en la Escritura acerca de un hombre llamado Setur, de un hombre llamado Gadi o de un hombre llamado Safat? Estoy bastante seguro de que jamás ha escuchado sobre ellos. ¿Sabe por qué? Estaban en la lista de los diez espías que llevaron el informe negativo. Tampoco lograron entrar a la Tierra Prometida. El hecho es que habían sido llamados a ser los forjadores de la historia, al igual que Josué y Caleb. Tenían semillas de grandeza dentro de ellos, pero el "yo soy" equivocado impidió que dejaran su marca.

Josué y Caleb fueron los únicos dos de toda la compañía en el desierto que lograron entrar a la Tierra Prometida.

Una fuente de vida

Fuente de vida es la boca del justo...
PROVERBIOS 10:11

Permítame darle algunos "yo soy" para declarar sobre su vida cada día. Haga que entren en su espíritu. Medite en ellos. Posiblemente no sean todos verdad en este momento, pero a medida que siga declarándolos, se volverán una realidad.

"Yo soy valioso. Yo soy redimido. Yo soy perdonado. Yo soy acepto. Yo soy exitoso. Yo soy victorioso. Yo soy talentoso. Yo soy saludable. Yo soy una persona llena de energía. Yo soy feliz. Yo soy positivo. Yo soy apasionado. Yo soy fuerte. Yo tengo confianza. Yo soy seguro. Yo soy atractivo. Yo soy libre. Yo estoy calificado. Estoy motivado. Estoy enfocado. Yo soy determinado. Yo soy paciente. Yo soy amable. Yo soy generoso. Yo estoy facultado. Yo soy capaz. Yo soy hijo del Dios Altísimo".

Las palabras son como semillas

*¡Entonces refrena tu lengua
de hablar el mal y tus
labios de decir mentiras!*

SALMO 34:13 (NTV)

Usted se encuentra donde está hoy en parte por lo que ha estado diciendo acerca de usted mismo. Las palabras son como semillas. Cuando usted dice algo, le está dando vida a lo que está declarando. Si lo sigue diciendo, finalmente, eso se puede hacer realidad. Ya sea que se dé cuenta o no, está profetizando su futuro. Esto es excelente cuando hace declaraciones como: "Soy bendecido. Cumpliré mis sueños. Voy a salir de las deudas". Esto no es solo positivo; usted de hecho está profetizando victoria y nuevos niveles.

Pero muchas personas van por la vida profetizando todo lo contrario. "Nunca recibo buenas oportunidades". "Probablemente voy a ser despedido". No se dan cuenta de que están profetizando derrota. Su vida avanzará en la dirección de sus palabras.

Fruto abundante

*La muerte y la vida están en poder de la
lengua, y el que la ama comerá de sus frutos.*
PROVERBIOS 18:21 (RVR 1960)

La Escritura dice que vamos a comer del
fruto de nuestras palabras. Cuando usted
habla, está plantando semillas. En algún momento va a comer de sus frutos. Mi desafío es
el siguiente: Asegúrese de que esté plantando el
tipo correcto de semillas. Si quiere manzanas,
tendrá que plantar semillas de manzanas. Si
quiere naranjas, no puede plantar semillas de
cactus o semillas de hiedra venenosa. Usted
va a cosechar fruto de las mismas semillas que
haya estado sembrando.

Si no le gusta lo que está viendo, comience
a sembrar algunas semillas diferentes. En lugar
de decir: "Jamás me voy a recuperar", plante las
semillas correctas al afirmar: "Dios está restaurando mi salud. Esta enfermedad no vino para
quedarse; es pasajera". Continúe sembrando
esas semillas positivas y finalmente comerá
de su fruto abundante: salud, restauración,
victoria.

Declare las promesas

"Si quieres disfrutar de la vida y ver muchos días felices refrena tu lengua de hablar el mal y tus labios de decir mentiras".
1 PEDRO 3:10 (NTV)

No puede hablar de manera negativa y esperar vivir una vida positiva. No puede hablar derrota y esperar tener victoria. Si usted habla escasez, insuficiencia, que no le alcanza y que nunca podrá salir adelante, tendrá una vida pobre.

En vez de decir: "Nunca voy a salir de las deudas. Jamás voy a avanzar", comience a declarar las promesas de Dios: "Prestaré y no pediré prestado. Todo lo que toco prospera y tiene éxito. Estoy entrando en sobreabundancia, en más que suficiente". Comience a sembrar semillas de incremento, semillas de abundancia. Nunca más diga: "Jamás cumpliré mis sueños". En cambio, "Tengo el favor de Dios. Las personas correctas me buscan. Nuevas oportunidades, nuevos niveles le esperan a mi futuro". Si continúa hablando así, segará una cosecha de cosas buenas.

Bendiga su vida

*Y así, la bendición y la
maldición salen de la misma
boca. Sin duda, hermanos
míos, ¡eso no está bien!*
SANTIAGO 3:10 (NTV)

Muchas personas no se dan cuenta de que cada vez que dicen: "Nunca obtengo buenas oportunidades", están maldiciendo su vida. "Nunca podré comprar una casa". "Jamás podré superar esta adicción". "Nunca conoceré a la persona indicada". Algunas veces el enemigo no tiene que derrotarnos; nos derrotamos a nosotros mismos. Preste atención a lo que dice. ¿Está bendiciendo su vida? ¿O la está maldiciendo?

Conozco a hombres que bromean acerca de que se están poniendo viejos, gordos y calvos; y quince años después se vuelve una realidad. No hable derrota sobre su vida. Nuestra actitud debería ser: *Dios está renovando mi juventud como las águilas. Me estoy volviendo más fuerte, más saludable, mejor parecido. Voy a vivir una vida larga, productiva y llena de fe.* Comience a bendecir su vida. Profetice cosas buenas.

Prevalecerá

*"No prevalecerá ninguna
arma que se forje contra ti;
toda lengua que te acuse será
refutada. Ésta es la herencia
de los siervos del Señor…".*

ISAÍAS 54:17

Conozco a un hombre que apenas estaba a principios de sus cincuenta años y, sin embargo, estaba tan preocupado de que iba a contraer la enfermedad de Alzheimer que de hecho estaba haciendo planes para que alguien cuidara de él. Por supuesto, es bueno ser sabio y planear con anticipación, siempre que sea posible, pero si planea contraer una enfermedad, probablemente no se decepcionará. Usted la está invitando.

Le dije lo que le estoy diciendo a usted: "Comience a declarar: 'Ningún arma forjada contra mí prosperará. Viviré mis días en buena salud, con lucidez, con buena memoria, con claridad de pensamientos. Mi juventud está siendo restaurada'". Debe profetizar salud. Profetice una vida larga y productiva. Sus palabras se volverán su realidad.

No se enlace

Te has enlazado con las palabras de tu boca, y has quedado preso en los dichos de tus labios.

PROVERBIOS 6:2 (RVR 1960)

Estar *enlazado* significa "quedar atrapado". Sus palabras lo pueden atrapar. Lo que usted diga puede hacer que tropiece e impedir que alcance su potencial. No queda enlazado por lo que piensa. Todos tenemos pensamientos negativos. Sin embargo, al declararlos, les da vida. Allí es cuando se vuelven realidad.

Si usted dice: "Jamás volveré a estar en forma", se le volverá más difícil. Cuando dice: "Nunca obtengo buenas oportunidades", detiene el favor que fue ordenado para usted. Si dice: "No soy tan talentoso. No tengo una buena personalidad", está invocando la mediocridad. Está estableciendo los límites de su vida. Cuando sobrevienen los pensamientos negativos, la clave reside en nunca verbalizarlos. Ese pensamiento se morirá sin haber nacido si no lo pronuncia.

Profetice las cosas correctas

El corazón del sabio hace prudente su boca, y añade gracia a sus labios.
PROVERBIOS 16:23 (RVR 1960)

Cuando compramos el ex Compaq Center, era un sueño hecho realidad. Estábamos tan emocionados ¡y luego nuestros arquitectos nos informaron que iba a costar cien millones de dólares transformarlo de un campo de baloncesto en una iglesia! Mis primeros pensamientos fueron: *¡Es imposible! De ninguna manera puedo recaudar esos fondos.*

Si bien esos pensamientos corrían por mi mente, sabía lo suficiente como para mantener mi boca cerrada. Le dije a nuestro equipo: "Dios tiene un camino. No nos trajo hasta aquí para dejarnos. Él suplirá todas nuestras necesidades. Los fondos entrarán. Quizá parezca imposible en los papeles, pero con Dios todas las cosas son posibles". Sabía que si continuaba profetizando las cosas correctas, podríamos comenzar a avanzar hacia ellas, ¡y lo logramos!

❈

Hable acerca de la promesa

Los que controlan su lengua tendrán una larga vida; el abrir la boca puede arruinarlo todo.
PROVERBIOS 13:3 (NTV)

En los momentos difíciles, es sumamente tentador ventilar nuestra frustración y contarle a la gente cómo el préstamo no fue aprobado, lo malo que fue el informe del médico o la manera en que ciertas personas simplemente no lo trataron bien. El hablar continuamente sobre el problema solo le producirá más desánimo, y dicho problema cobra más vida. Lo está haciendo más grande. Volteé las cosas. No hable sobre el problema; hable acerca de la promesa.

En vez de quejarse: "No obtuve el ascenso que me prometieron", declare: "Sé que cuando una puerta se cierra significa que Dios tiene algo mejor". Si su amigo le comenta: "Escuché que esas personas te hirieron", siéntase libre para sonreír y explicar: "Sí, pero no me preocupa. Dios está peleando mis batallas. Él ha prometido darme gozo en lugar de ceniza".

La voz de la fe

El hombre se alegra con la respuesta de su boca;
y la palabra a su tiempo, ¡cuán buena es!
PROVERBIOS 15: 23 (RVR 1960)

En la vida, siempre existen dos voces que compiten por su atención: la voz de la fe y la voz de la derrota. Una voz declara que ya ha alcanzado sus límites y que no tiene lo que se necesita. Será tentado a preocuparse, a ser negativo o a murmurar. Sin embargo, si escucha con atención, escuchará otra voz diciéndole: "Eres suficientemente capaz. Todo lo puedes en Cristo. El favor está acercándose en su dirección".

Ahora bien, es su decisión escoger qué voz cobrará vida. Al verbalizar cualquier pensamiento le está dando el derecho de hacerse realidad. Si usted dice: "El problema es demasiado grande", está escogiendo la voz incorrecta. Debe alinearse con Dios. La otra voz puede parecer más audible, pero usted la puede suprimir. Puede quitarle todo su poder al escoger la voz de la fe.

No más derrota

*De los labios del justo
brota sabiduría...*
PROVERBIOS 10:31 (DHH)

30
DE ENERO

¿Le suena esto familiar? Asiste a una entrevista de trabajo, y la voz de la derrota le dice: "No lo vas a obtener. Estás desperdiciando tu tiempo". Pero la voz de la fe rebate: "Tienes el favor de Dios. Tienes lo que se necesita". Si le dice a su cónyuge: "No creo que vaya a obtener este empleo", no tiene sentido que vaya. Quedó atrapado por sus propias palabras.

Tiene que pararse firme y decir: "No le voy a dar vida a más derrota. No voy a declarar escasez. Ya no voy a declarar enfermedad. Ya no voy a hablar mediocridad, temor o duda. Escojo la voz de la fe, la cual dice: Soy fuerte, soy saludable, soy bendecido. Soy favorecido. Soy un vencedor y no una víctima.

Cierre la boca

"Antes de formarte en el vientre, ya te había elegido; antes de que nacieras, ya te había apartado; te había nombrado profeta para las naciones".

JEREMÍAS 1:5

Dios le prometió a Jeremías que sería un gran profeta a las naciones. Pero cuando escuchó la voz de Dios, era muy joven e inseguro de sí mismo. En cambio, prestó su oído a la voz de la duda y dijo: "Dios, no puedo hacer eso. No puedo hablar a las naciones. Soy demasiado joven. No sabría qué decir".

Dios respondió: "Jeremías, no digas que eres demasiado joven". Lo primero que Dios hizo fue detener sus palabras negativas. ¿Por qué Dios hizo eso? Porque sabía que si Jeremías continuaba diciendo: "No estoy calificado. No puedo hacer esto. No tengo lo necesario", se volvería exactamente lo que estaba declarando. Así que Dios en efecto dijo: "Jeremías, cierra la boca. Puedes pensarlo, pero no decirlo en voz alta".

Deje las excusas

*Sean, pues, aceptables
ante ti mis palabras y mis
pensamientos, oh Señor,
roca mía y redentor mío.*
SALMO 19:14

Cuando Jeremías dejó de poner como excusa que era demasiado joven y cambió lo que estaba diciendo, se convirtió en profeta a las naciones. La promesa de Dios se cumplió.

De la misma manera, Dios nos ha llamado a cada uno de nosotros a hacer grandes cosas. Él ha puesto sueños y deseos dentro de nosotros, pero es fácil capitular como lo hizo Jeremías y decir: "No puedo hacer eso. Soy demasiado joven. Estoy demasiado viejo. He cometido demasiados errores. No tengo la preparación. No tengo la experiencia". Todos podemos poner excusas, pero Dios nos está diciendo lo mismo que le dijo a Jeremías: "Deja de decir eso". No maldiga su futuro. Esas palabras negativas pueden impedir que reciba lo mejor de Dios.

Una promesa retrasada

Alaben al Señor, ustedes los ángeles, ustedes los poderosos que llevan a cabo sus planes, que están atentos a cada uno de sus mandatos.

SALMO 103:20 (NTV)

Algunas veces, la razón por la cual el cumplimiento de una promesa se retrasa es debido a lo que decimos. Imagínese que Dios ya haya enviado a un ángel con su sanidad, su ascenso, su vindicación; pero durante el viaje, Dios le dice al ángel: "Aguarda". El ángel responde: "¿Por qué? Esto es lo que prometiste en tu Palabra". Dios le responde: "Así es, pero él está declarando que no va a suceder".

Las palabras negativas detienen las promesas de Dios. Me pregunto cuántas veces estuvimos a punto de ver la respuesta. Quizá ha estado orando por años para que Dios traiga a alguien fabuloso a su vida. Pero justo antes de que esa persona aparezca, usted baja la guardia y comienza a decir: "Oh, estoy demasiado viejo. A nadie le intereso". Dios tiene que decirle al ángel: "No sigas avanzando".

Haga su parte

*"¡Voy a hacer algo nuevo! Ya está sucediendo,
¿no se dan cuenta? Estoy abriendo un camino
en el desierto, y ríos en lugares desolados".*

ISAÍAS 43:19

La buena noticia es que aunque haya sido negativo sobre una promesa dada por Dios, Él no la canceló. Todavía sigue teniendo a la persona indicada para usted, y si acalla la duda y escoge la fe, en el momento justo, esa persona aparecerá. Dios librará las palabras negativas que hayan causado el retraso. Dios aún tiene su sanidad, su ascenso, su restauración.

Ahora, haga su parte. Deje de hablar acerca de que no va a suceder. Tal vez parezca imposible, pero Dios puede hacer lo imposible. Solo porque usted no vea que nada sucede no significa que Dios no esté obrando. Ahora mismo, detrás de escena, Dios está arreglando las cosas a su favor. Lo está colocando exactamente en la posición en la que Él quiere que esté. Ahora bien, no retrase la promesa al declarar palabras negativas.

Dé vuelta el asunto

*Confía en el Señor de todo corazón, y
no en tu propia inteligencia.*
PROVERBIOS 3:5

Supongamos que su hijo se encuentra en el proceso de realizar solicitudes de ingreso en diferentes universidades. Algunas escuelas solo aceptan el cinco por ciento de los estudiantes que solicitan el ingreso. Es fácil pensar: *¿Por qué siquiera molestarse en solicitar el ingreso a esas escuelas? Más de nueve de cada diez estudiantes son rechazados. No hay manera de ingresar.*

No quede atrapado por las palabras de su boca ni se convenza. Puede tener esos pensamientos, pero no los verbalice. Aprenda a voltear el asunto. "Dios, sé que tú tienes a mi hijo en la palma de tu mano. Quizá solo haya un cinco por ciento de probabilidad en algunas escuelas, pero Dios, sé que contigo hay una oportunidad de cien por ciento de que entrará exactamente adónde tú quieres que vaya. Dios, tú tienes el control de todo el universo". Sus palabras profetizan su futuro.

Tenga por seguro

*¿Cómo podré estar seguro
de esto? 'preguntó Zacarías
al ángel'. Ya soy anciano
y mi esposa también es
de edad avanzada.*

LUCAS 1:18

En el primer capítulo de Lucas, un ángel se le apareció a Zacarías y le dijo que su esposa iba a concebir un hijo. Zacarías quedó muy sorprendido y escuchó la voz de la duda. Le preguntó al ángel: "¿Estás seguro? ¿Acaso no ves lo ancianos que somos?". El ángel le respondió: "Yo soy Gabriel. Estoy delante de la presencia de Dios y lo que Dios dice se cumplirá".

Pero Dios conoce el poder de nuestras palabras. Sabía que si Zacarías comenzaba a hablar palabras de derrota, detendría su plan. Así que Dios hizo algo inusual. El ángel le dijo: "Zacarías, porque dudaste en tu corazón, te vas a quedar mudo, no podrás hablar hasta que nazca el bebé". Zacarías no pudo emitir palabra alguna durante nueve meses. Dios le quitó el habla para que no pierda la promesa.

Ponga guarda

Señor, ponme en la boca
un centinela; un guardia
a la puerta de mis labios.

SALMO 141:3

Ayer leímos que Dios le quitó el habla a Zacarías. Dios sabía que saldría y les contaría a sus amigos que eso no iba a suceder. Aquellas palabras negativas habrían detenido su destino. Por eso es que la Escritura dice: "Ponme un guardia a la puerta de mis labios". En otras palabras: "Ten cuidado con lo que permites que salga de tu boca".

"Jamás aprobaré este curso de álgebra. Nunca he sido bueno en matemáticas". No; ponga guarda sobre su boca. No profetice palabras de derrota. Si va a decir algo, declare lo que Dios dice: "Todo lo puedo en Cristo. Tengo buen entendimiento. Estoy lleno de sabiduría. Soy un estudiante ejemplar". Cuando hace esto, está invitando a que venga la sabiduría y una aceleración de conocimiento. Está invitando las bendiciones de Dios.

Llámese bendito

¿Y quién sabe si para esta hora has llegado al reino?
ESTER 4:14 (RVR 1960)

Cuando comencé a ministrar allá en 1999, *nunca* lo había hecho antes y me encontraba sumamente nervioso. Los pensamientos negativos bombardeaban mi mente: *Joel, vas a hacer el ridículo. Nadie te va a escuchar. ¿Por qué deberían?* Tuve que luchar contra esos pensamientos al declarar en voz baja: "Joel, eres capaz. Estás equipado. Has sido levantado para un tiempo como este". No me sentía confiado, pero me declaraba a mí mismo confianza. No me sentía ungido, pero me llamaba a mí mismo ungido.

Tal vez no se sienta bendecido, pero debe decirse a sí mismo que es bendecido. Quizá no se sienta saludable hoy, pero no vaya por allí diciéndole a todos que no va a poder lograrlo. Comience a declarar que es una persona saludable, restaurada, fuerte, llena de energía y llena de vida.

El silencio es oro

*"No griten, ni siquiera hablen
'ordenó Josué'. Que no salga ni
una sola palabra de ninguno
de ustedes hasta que yo les diga
que griten. ¡Entonces griten!".*
JOSUÉ 6:10 (NTV)

Cuando Josué estaba guiando al puedo de
Israel hacia la Tierra Prometida, tuvieron
que conquistar la ciudad de Jericó, la cual estaba rodeada de murallas inmensas, gruesas
y altas, hechas de piedra y mortero. No había
manera de que pudieran entrar. Pero Dios les
ordenó que hicieran algo que sonaba extraño:
durante seis días debían marchar alrededor de
esas murallas una vez al día, y el séptimo día
debían rodearlas siete veces. Y como si no fuera
ya bastante raro, Dios les dio una última orden:
"Mientras estén marchando, manténganse total-
mente en silencio".

Dios sabía que después de un par de veces
alrededor del perímetro de las murallas, an-
darían diciendo: "Estos muros nunca se van a
caer". Las palabras negativas los habrían mantenido fuera de la Tierra Prometida.

Solo siga marchando

Hay… un tiempo para callar, y
un tiempo para hablar.
ECLESIASTÉS 3: 1, 7

Dios no les permitió a los israelitas hablar mientras marchaban alrededor de Jericó. ¿Por qué? Sabía lo que dirían. De hecho, ya había sucedido años antes. Sus padres y sus parientes acampaban a las puertas de la Tierra Prometida, pero poco después de que los espías regresaran y les contaran a todos cuán grande eran sus enemigos, dos millones de personas comenzaron a murmurar, diciendo: "No tenemos la menor posibilidad. Jamás derrotaremos a estos enemigos" (vea Números 13, 14). A pesar de que estaban justo a las puertas, sus palabras negativas les impidieron entrar.

Hay momentos en nuestras vidas cuando es difícil ser positivo, y está bien. Solo permanezca callado. No les cuente a todos lo que está pensando. Continúe marchando en silencio y las murallas se derrumbarán.

10 DE FEBRERO

Los muros caerán

*Pero el pueblo permaneció en silencio y no
respondió ni una sola palabra, porque el
rey había ordenado: "No le respondan".*

2 Reyes 18:36

¿Podría ser que las palabras negativas lo
estén manteniendo fuera de su tierra prometida? ¿Podría ser que si no hablara acerca de
cuán grande es su problema, no se quejara de
lo que no funcionó, no le contara a un amigo
que jamás va a poder superar esa adicción,
quizá las murallas que lo están deteniendo se
derrumben? Imagínese que detrás de esas murallas están su sanidad, su ascenso, el cumplimiento de su sueño. Cada día, de alguna
manera, está rodeando las murallas. ¿Qué está
diciendo?

Dios nos está diciendo: "Si no puedes decir
algo positivo y lleno de fe, no digas absoluta-
mente nada". No permita que sus palabras negativas lo alejen de lo mejor que Dios tiene para
usted. Si está dispuesto a dejar de hablar derrota y simplemente permanecer callado, Dios
puede derribar esas murallas.

Un tiempo de prueba

Háganlo todo sin quejas ni contiendas, para que sean intachables y puros, hijos de Dios sin culpa en medio de una generación torcida y depravada

11 DE FEBRERO

FILIPENSES 2:14-15

Cuando marchamos alrededor de los muros de nuestros Jericós, a veces pasa un día tras otro sin que veamos que algo suceda. Al igual que los israelitas, los pensamientos vienen a dar vueltas en nuestra cabeza: *No escuchaste bien a Dios. Nada está cambiando, y nunca va a suceder.* No, ese es un tiempo de prueba. Quizá lo ha estado haciendo por un año, dos años o cinco años. Creyó que ya tendría que haber sucedido.

Pase esa prueba. No comience a quejarse. No actúe como ese primer grupo de israelitas que se detuvo a las puertas de la Tierra Prometida y dijo: "Ah, ¿de qué sirve? Mejor quedémonos aquí". Cuando sobrevengan los pensamientos negativos, deje que se mueran antes de nacer. Entrará en su séptimo día. Dios es un Dios fiel y hará tal como ha prometido.

Todo está bien

"Sí 'contestó ella', todo está bien".
2 Reyes 4:26 (NTV)

2 Reyes 4 cuenta la historia increíble de una mujer quien era una buena amiga del profeta Eliseo. Su amado hijo pequeño se enferma en el campo, lo llevan a la casa y muere en sus brazos. Devastada sin medida, esta historia sobre una madre con el corazón roto no termina aquí. En cambio, salió de inmediato a buscar la ayuda de Eliseo, pero dos veces antes de encontrarlo le preguntan qué está haciendo. Ella, hablando palabras de fe, simplemente respondió: "Todo está bien".

En su momento más difícil, aun en medio de una tragedia abrumadora, esta mujer se rehusó a ser negativa y declarar derrota. Escogió hablar fe a pesar de que su mente estaba siendo bombardeada con dudas. "Todo está bien". Allí es cuando la fuerza más poderosa del universo comenzó a obrar, y la vida de su hijo fue restaurada.

Hable por fe

...encontró al niño muerto, tendido sobre su cama...Eliseo...volvió a tenderse sobre el niño. Esto lo hizo siete veces, al cabo de las cuales el niño estornudó y abrió los ojos.

2 Reyes 4:32, 35

Continuando con la historia de ayer, Eliseo fue con la madre quebrantada, oró por su hijo, y este milagrosamente regresó a la vida. Lo que intento transmitir es que a pesar de todos los pensamientos negativos con los que esta mujer estaba luchando, seguía diciendo: "Todo está bien".

Muchas veces cuando enfrentamos dificultades y alguien nos pregunta cómo va todo, hacemos justamente lo opuesto y le contamos todo lo que está mal. Ya sea que lo hayan herido, lo hayan decepcionado o haya sufrido una pérdida, tiene que hacer lo que ella hizo: Diga por fe: "Todo está bien". En lo natural, usted debería estar quejándose, hablando mal acerca de sus circunstancias; pero en cambio está haciendo una declaración de fe.

Todo es posible

Moisés extendió su brazo sobre el mar, y toda la noche el Señor envió sobre el mar un recio viento del este que lo hizo retroceder, convirtiéndolo en tierra seca. Las aguas del mar se dividieron.
ÉXODO 14:21

DE FEBRERO

14

Dios puede resucitar sueños muertos. Él puede resucitar un matrimonio muerto. Puede resucitar la salud que se está deteriorando o un negocio que no está prosperando. Cuando usted entra en acuerdo con Dios, todas las cosas son posibles. Tal vez esté enfrentando un gran obstáculo. El pronóstico no es alentador. Pero esta es la clave: No hable acerca de cuán grande es su problema. Hable acerca de la grandeza de su Dios. Hubo un día cuando Dios detuvo el sol para Josué. Dividió el mar Rojo para los israelitas. Sopló nueva vida para el pequeño hijo de aquella madre.

Mi desafío para usted hoy es: No permita que sus palabras negativas detengan lo que Dios quiere hacer. No quede atrapado por sus palabras.

Su Tierra Prometida

¡Oh Dios nuestro!…No sabemos qué
hacer, y a ti volvemos nuestros ojos.
2 CRÓNICAS 20:12 (RVR 1960)

En los momentos difíciles —cuando tiene ganas de quejarse, cuando tiene una buena razón para estar amargado, porque perdió su empleo, o un amigo lo hirió, o no se siente bien— debe pararse firme y decir por fe: "Esto es difícil, pero todo está bien. Dios aún está sentado en el trono. Él es el Señor mi proveedor".

Cuando haga este ajuste, Dios va a soltar promesas que se han demorado. De pronto, las cosas por las que ha estado orando —romper esa adicción, conocer a la persona indicada, recuperar la salud, comenzar ese negocio— comenzarán a acomodarse. Usted va a ver el favor de Dios en una nueva manera. Él va a derribar muros y podrá entrar a su tierra prometida.

Dígalo

*Díganlo los redimidos de Jehová, los que
ha redimido del poder del enemigo.*
SALMO 107:2 (RVR 1960)

Las palabras tienen poder creativo. Cuando
usted dice algo, le está dando vida a lo
que está diciendo. Por ejemplo, es importante
creer que usted es bendecido. Pero cuando dice:
"Yo soy bendecido", es cuando las bendiciones
vienen a buscarlo.

La Escritura dice: *"Díganlo* los redimidos
de Jehová". No dice: "Piénsenlo, o créanlo, o
espérenlo los redimidos de Jehová". Todo eso
en bueno, pero tiene que dar un paso más allá
y *decirlo.* Si va a subir al siguiente nivel, tiene
que *decirlo.* Si va a cumplir un sueño, vencer un
obstáculo o acabar con una adicción, tiene que
comenzar a declararlo. Así es como le da vida
a su fe.

Cuando Él habló

*Y dijo Dios: "¡Que exista la
luz!" Y la luz llegó a existir*
GÉNESIS 1:3

Cuando Dios creó los mundos, no solamente
pensó en su existencia. No solamente
creyó que fueran la luz, la tierra, los océanos
y los animales. Él lo tenía en su corazón, pero
nada sucedió hasta que habló. Dios dijo: "Sea
la luz", y fue la luz. Sus pensamientos no la pusieron en movimiento; sino sus palabras.

El mismo principio se aplica hoy. Puede
tener fe en su corazón, grandes sueños, estar
parado en las promesas de Dios y nunca ver
que algo cambie. ¿Cuál es el problema? Nada
sucede hasta que hable. En lugar de solo creer
que va a salir de las deudas, tiene que decirlo.
Declare cada día: "Estoy saliendo de las deudas.
El favor de Dios me rodea como un escudo".
Cuando abra su boca, las oportunidades, el ascenso y las ideas lo perseguirán.

Active su fe

*"Lo colmaré con muchos
años de vida y le haré
gozar de mi salvación".*

SALMO 91:16

Cuando usted se enferma, en vez de solamente pensar: *Espero recuperarme de esta enfermedad. Estoy orando para mejorar*, lo cual es bueno, dé un paso más y comience a declararlo. "Yo soy fuerte. Gozo de buena salud. Dios me saciará de larga vida". Eso es lo que activa su fe.

No es solamente esperar a tener un buen año o solo esperar que pueda cumplir sus sueños. La esperanza es buena, pero nada sucede hasta que hable. Antes de salir de su casa cada día, declárelo: "Este va a ser mi mejor año. Las circunstancias han cambiado a mi favor. Voy a avanzar hacia un nuevo nivel". Cuando habla así, los ángeles comienzan a trabajar, abriendo nuevas puertas, alineando a las personas correctas y arreglando las cosas a su favor.

"Diré yo"

Yo le digo al Señor: "Tú eres mi refugio, mi fortaleza, el Dios en quien confío".
SALMO 91:2

El salmista dice: "Yo le digo al Señor", y en el versículo siguiente agrega: "Sólo Él puede librarte de las trampas del cazador y de mortíferas plagas". Observe la conexión. *Yo digo y Él hará*. No dice: "Creo que Él es mi refugio". El salmista iba por allí diciéndolo: "El Señor es mi refugio". Note lo que sucedió. Dios se volvió su refugio. Dios estaba diciendo en efecto: "Si eres lo suficientemente valiente como para decirlo, yo soy lo suficientemente valiente para hacerlo".

¿Alguna vez ha declarado que sus sueños se cumplirán? Lo que sea que Dios haya puesto en su corazón, hable como si fuera a suceder: "Cuando me case, cuando me gradúe de la universidad, cuando vea mi familia restaurada". No si va a suceder, sino *cuando* suceda. Así es como se desata su fe.

No se rinda

...los que buscan al Señor nada les falta.

SALMO 34:10

Uno de los miembros de nuestro personal había estado tratando de tener un bebé por más de diez años. Sus doctores le dijeron que no iba a suceder. Un día, ella dijo: "Cuando tenga mi bebé", a pesar de que aún no estaba embarazada. Continuó hablando de ese modo durante años. ¿Qué estaba haciendo? Lo estaba diciendo. No solo lo creía; sino que lo estaba declarando. En lo natural, parecía imposible. La mayoría de las personas se hubiera rendido, pero no esta mujer. Ella seguía diciendo: "Cuando nazca mi bebé". Veinte años después, dio a luz a mellizos.

Ella declaró las promesas del Señor y Dios hizo lo que prometió. Ahora piense en lo opuesto al Salmo 91:2: "Yo no le digo al Señor y Él no hará". Ese es el principio.

21 DE FEBRERO

※

Todo lo que necesite

Así que mi Dios les proveerá de todo lo
que necesiten, conforme a las gloriosas
riquezas que tiene en Cristo Jesús.
FILIPENSES 4:19

Cuando estábamos tratando de adquirir el Compaq Center para que se convirtiera en las instalaciones de nuestra iglesia, Victoria y yo conducíamos alrededor del mismo y decíamos: "Este es nuestro edificio. Padre, gracias porque estás abriendo un camino donde no lo vemos". Orábamos acerca de ello, creíamos que sucedería y luego tomamos el paso más importante y declaramos que era nuestro. Se volvió parte de nuestras conversaciones cotidianas. "Cuando lo remodelemos ". "Cuando realicemos la gran inauguración ".

No decíamos: "No sé. ¿De dónde vamos a obtener los fondos?". No; le dijimos al Señor, como hizo el salmista: "Dios, sabemos que eres mayor que cualquier obstáculo. Sabemos que suples todas nuestras necesidades". Lo declaramos, y Dios lo hizo.

❧

Declare victoria

*Sus hijos dominarán el país; la descendencia
de los justos será bendecida.*

SALMO 112:2

¿Qué está diciendo acerca del Señor? ¿Está usted declarando victoria sobre su vida, sobre su familia y carrera? Nada sucede hasta que abra su boca. Cuando se levante en la mañana, haga algunas declaraciones de fe. Yo declaro todos los días: "Mis hijos cumplirán sus destinos. Sus dones y talentos se desarrollarán a su máximo potencial".

Lo que sea que Dios haya puesto en su corazón, declare que se cumplirá. Tiene que declarar favor en su futuro. No hable acerca de lo grande que es su problema. Hable sobre cuán grande es su Dios. Cuando le dice al Señor: "Tú eres mi sanador, quien me abre caminos, quien me da sueños, mi restaurador, mi vindicador, mi salud, mi paz, mi victoria", es cuando Dios se manifestará y hará más de lo que pueda pedir o imaginar.

Hable favor

*Tu favor, oh Señor, me hizo tan
firme como una montaña...*
SALMO 30:7 (NTV)

23
DE FEBRERO

Desde que tomé el lugar de mi padre en la iglesia, he dicho: "Cuando la gente me sintonice en la televisión, no podrá cambiar de canal". ¿Sabe cuántas cartas recibo de personas que dicen: "Joel, estaba pasando los canales. No me gustan los predicadores por TV. Nunca veo a los predicadores por TV, pero cuando apareciste, no pude cambiar de canal"? Pienso para mí mismo: *¡Yo dije que así sería! Yo lo declaré.*

Cuando declare favor sobre su vida y sobre su futuro, Dios hará que sucedan cosas que nunca deberían haber sucedido. Nuestra actitud debería ser: *Estoy saliendo de las deudas, y lo declaro. Voy a vencer todo obstáculo, y lo declaro. Voy a cumplir mis sueños, y lo declaro.*

"Porque decía"

Cuando oyó hablar de Jesús, vino por detrás entre la multitud, y tocó su manto. Porque decía: Si tocare tan solamente su manto, seré salva.

MARCOS 5:27-28 (RVR 1960)

Esta mujer había estado enferma por muchos años e invertido todo su dinero tratando de mejorar, pero nada funcionaba. Cuando oyó que Jesús iba a pasar por su pueblo, se repetía a sí misma: "Seré sana". No decía: "No vale la pena". No, ella continuaba diciéndose: "Cuando llegue a Jesús, seré restaurada". Estaba profetizando victoria. A lo largo del día, repetía: "La sanidad viene en camino. Delante de mí vienen días más felices".

Cuando ella comenzó a abrirse paso hacia Jesús en medio de la multitud, no se quejó, sino que seguía diciendo: "Esta es mi hora. Las cosas van a cambiar a mi favor". Cuanto más lo decía, más se acercaba. Finalmente, extendió su mano y tocó el borde de su manto y fue sanada al instante.

Acérquese a Jesús

*Él, arrojando la capa, dio
un salto y se acercó a Jesús.*
MARCOS 10: 50

Observe este principio de la lectura de ayer: Mientras la mujer enferma repetía que se sanaría, iba avanzando en dirección a Jesús. Usted está avanzando hacia aquello que dice constantemente. Quizá se encuentre batallando en sus finanzas, pero cada vez que declara: "Soy bendecido. Soy próspero. Tengo el favor de Dios", está avanzando hacia un incremento. Está cada vez más cerca de ver que suceda.

Quizá esté enfrentando una enfermedad. El pronóstico no es alentador. Sin embargo, cada vez que declara: "Estoy saludable. Soy fuerte. Estoy mejorando", está avanzando hacia la salud, restauración y victoria. Tal vez se encuentre luchando con una adicción. Cada vez que declare: "Soy libre. Esta adicción no me controla", está avanzando hacia la libertad. Está avanzando hacia la victoria.

Use sus palabras

…Dios, que da vida a los muertos y llama a las cosas que no existen, como si existieran.
ROMANOS 4:17 (LBLA)

DE FEBRERO 26

Hemos visto que usted avanza hacia aquello que dice constantemente. Si siempre dice: "He pasado por demasiadas cosas. Nunca volveré a ser feliz", está avanzando hacia más desánimo, más tristeza. Si usted cambia lo que dice, cambiará aquello que ve. La Escritura dice: "Llama a las cosas que no existen, como si existieran".

Muchas veces hacemos exactamente lo contrario. Llamamos las cosas que son como si siempre fueran a ser de esa manera. "Los impuestos son tan caros. No veo cómo voy a lograrlo". Está invitando a más lucha, más escasez. "No soporto mi empleo". Está invitando a más frustración, más derrota. No use sus palabras para describir la situación. Use sus palabras para cambiarla.

Sea renovado

Moisés tenía ciento veinte años de edad
cuando murió. Con todo, no se había
debilitado su vista ni había perdido su vigor.
DEUTERONOMIO 34:7

Un caballero que aparentaba tener unos setenta años me dijo: "Joel, cuando envejeces, todo es cuesta abajo". Esa fue su declaración: "Voy para abajo". Estaba invitando mala salud, falta de visión y pérdida auditiva. Por su apariencia, ¡lo había estado diciendo durante mucho tiempo!

Sé que todos vamos a envejecer, pero no haga planes de ir cuesta abajo. Considere a Moisés en sus ciento veinte años. Saludable. Fuerte. Visión veinte-veinte. Una mente aguda. Independientemente de cómo se sienta, cada día necesita declarar: "Mi juventud está siendo renovada. Al igual que Moisés, terminaré mi carrera con buena vista y sin perder mi vigor". Si usted habla así, estará avanzando hacia una juventud renovada, salud y vitalidad.

Sea hecho conforme a su fe

Entonces les tocó los ojos y les dijo: 'Se hará con ustedes conforme a su fe.

MATEO 9:29

Hay una joven en el personal de Lakewood, que cada mañana antes de salir de su casa, se mira al espejo y dice: "Mujer, te ves bien hoy". La vi en una ocasión y le pregunté si todavía lo seguía haciendo. Me respondió: "Sí, de hecho, hoy cuando me vi en el espejo, dije: 'Mujer, algunos días te ves bien; pero hoy te ves *realmente* bien'".

Tenga un mejor *dicho*. No hable acerca de cómo es ahora. Hable acerca de cómo quiere ser. Deje de hablar sobre todas las cosas que no le gustan: de cómo está envejeciendo, demasiadas arrugas, demasiado esto, demasiado aquello. Comience a llamarse a sí mismo fuerte, saludable, talentoso, apuesto y joven. Cada mañana, antes de salir de su casa, mírese al espejo y diga: "¡Buenos días, apuesto!".

Avance

*"¡Cobren ánimo y ármense
de valor! No se asusten
ni se acobarden   porque
nosotros contamos con alguien
que es más poderoso".*
2 CRÓNICAS 32:7

Quizá hoy se encuentre atravesando un momento difícil. Quejarse: "No creo que pueda salir de esto", solamente va a atraer más derrota. Su declaración debería ser: "He recibido gracia para este tiempo. Los que están a mi favor son más que los que están en mi contra". Cuando dice eso, recibe fuerza. Cobra ánimo. Recibe confianza. Recibe perseverancia.

Cuando pase por una decepción, un mal momento o una pérdida, no se queje: "No sé por qué me ha sucedido esto. Es tan injusto". Eso simplemente va a atraer más autocompasión. Su declaración debería ser: "Dios me prometió una corona de belleza en lugar de cenizas, gozo en lugar de luto. Estoy avanzando. Nuevos comienzos hay en mi futuro". Si habla así, se está alejando de la autocompasión y yendo hacia la bondad de Dios en una nueva manera.

Cada mañana

Y lo coronaste de
gloria y de honra.
SALMO 8:5 (RVR 1960)

Una de las mejores cosas que podemos hacer es tomar algunos minutos cada mañana y hacer declaraciones positivas sobre nuestra vida. Escriba, no solamente sus sueños, sus metas y su visión, sino una lista de cualquier área en la que desea mejorar, cualquier cosa que quiera ver cambiada. Coloque esa lista en el espejo de su baño o en algún lugar privado. Antes de salir de su casa, tómese algunos minutos y declárelo sobre su vida.

Si usted lucha con su autoestima, con sentimientos de inferioridad, necesita declarar cada día: "Yo tengo confianza. Soy valioso. Soy único. Llevo una corona de favor. Soy hijo del Dios Altísimo". Declárelo, y saldrá con sus hombros levantados y con su cabeza en alto.

Fuerte soy

Diga el débil: Fuerte soy.
JOEL 3:10 (RVR 1960)

La Escritura no dice: "Diga el débil sus debilidades. Hable acerca de ellas. Llame a cinco amigos y explíqueles la debilidad". Usted tiene que enviar sus palabras en la dirección en la que quiere que vaya su vida.

Cuando se encuentre atravesando un tiempo difícil, y alguien le pregunte cómo le va, no cante una canción triste de todo lo que está mal en su vida. "Ay, amigo, mi espalda me ha estado doliendo. Hoy el tráfico está muy mal. Mi jefe no me está tratando bien. El lavaplatos se descompuso. El pez dorado se murió, y no le simpatizo a mi perro". Lo único que esto va a lograr es atraer más derrota. Dé vuelta las cosas. Tenga un informe de victoria. "Soy bendecido. Soy saludable. Soy próspero. Tengo el favor de Dios"; porque avanzará hacia lo que usted hable continuamente.

Su destino lo espera

"Tú vienes a mí con espada y lanza y jabalina; mas yo vengo a ti en el nombre de Jehová de los ejércitos, el Dios de los escuadrones de Israel, a quien tú has provocado".
1 SAMUEL 17:45 (RVR 1960)

Cuando el rey David enfrentó a Goliat, parecía imposible. Él pudo fácilmente haber andado por allí diciendo: "Mírenlo. Es el doble de mi tamaño. Tiene más experiencia, más equipo, más talento. No veo cómo esto podría funcionar". Las palabras negativas pueden impedir que se convierta en la persona que fue creada para ser.

David miró a Goliat a los ojos y dijo: "Hoy mismo el Señor te entregará en mis manos; y yo te mataré y te cortaré la cabeza. Observe que profetizó victoria. Puedo escuchar a David afirmando en voz baja: "Soy capaz. Soy ungido. Si Dios está conmigo, ¿quién se atreve a estar en mi contra?". Escogió esa piedra, la colocó en su honda, y Goliat cayó desplomado.

4 DE MARZO

Nuestro Padre

Por mi parte, mi familia y yo serviremos al Señor.
JOSUÉ 24:15

Cuando enfrenta gigantes en la vida, tiene que hacer como hizo David y profetizar su futuro. "Cáncer, no eres rival para mí. Te voy a derrotar". "Esta adicción quizá haya estado en mi familia durante años, pero este es un nuevo día. Yo soy el que hace la diferencia. Soy libre". "Mi hijo pudo haber estado perdido durante mucho tiempo, pero sé que solamente es temporal. Por mi parte, mi familia y yo serviremos al Señor".

Dígale a esa soledad, a esa adicción, a ese problema legal: "¿Acaso no sabes quién soy? Soy hijo del Dios Altísimo. Mi Padre creó el universo. Me dio aliento de vida y me coronó con su favor. Me llamó más que vencedor. Eso significa que no puedes vencerme. No puedes retenerme".

Háblele a la montaña

¿Quién te crees tú, gigantesca montaña?
¡Ante Zorobabel sólo eres una llanura!
ZACARÍAS 4:7

Zorobabel enfrentó una montaña inmensa. Reconstruir el templo en Jerusalén constituía un gran obstáculo con enemigos oponiéndose a cada paso. Sin embargo, él no habló acerca de lo imposible que era, cómo nunca iba a funcionar. Él dijo: "Montaña, no eres más que una llanura". Estaba profetizando su futuro. La montaña se veía grande; pero él declaró que sería allanada. Se convertiría en llanura.

Este es el principio: No hable acerca de la montaña; háblele a la montaña. Mire la montaña de la deuda y dígale: "No puedes derrotarme. Prestaré y no pediré prestado". Sin importar las montañas que enfrente en su vida o lo grande que se vean, no retroceda en temor ni se intimide. Profetice lo que está creyendo.

Vuelva a vivir

"Profetiza sobre estos huesos, y diles: "¡Huesos secos, escuchen la palabra del Señor! Así dice el Señor omnipotente a estos huesos: 'Yo les daré aliento de vida, y ustedes volverán a vivir'"".

6

DE MARZO

Ezequiel 37:4-5

Ezequiel tuvo una visión de un valle lleno de huesos. Los huesos representan las cosas en nuestra vida que parecen estar muertas, situaciones que parecen imposibles y permanentemente sin cambios. Dios le ordenó que hiciera algo interesante. Él le dijo: "Ezequiel, profetiza sobre estos huesos". Ezequiel comenzó a profetizar sobre esos huesos secos, diciéndoles que cobren vida. Mientras estaba hablando, los huesos comenzaron a sacudirse y a unirse, formando de nuevo una persona. Finalmente, los cuerpos cobraron aliento, y se pusieron de pie como "un gran ejército".

Quizá haya cosas en su vida que parezcan estar muertas: una relación, un negocio, su salud. Profetice sobre esos huesos secos tal como lo hizo Ezequiel.

Una nueva vida

7

*"Profetiza, hijo de hombre;
conjura al aliento de
vida y dile:... 'Ven de los
cuatro vientos, y dales vida
a estos huesos muertos
para que revivan'".*

DE MARZO

EZEQUIEL 37:9

Quizá al igual que Ezequiel, todo lo que puede ver es un valle de huesos secos, por así decirlo. Invoque a la salud. Llame a la abundancia. Invite a la restauración. No solo ore por aquel hijo que ha estado perdido. Profetice y diga: "Hijo, hija, regresa. Cumplirás tu propósito". Saque su chequera y profetícele. A todo lo que tenga aspecto de huesos secos. Deuda. Escasez. Lucha. "Profetizo a estos huesos secos que prestaré y no pediré prestado. Yo soy cabeza y no cola. Estoy entrando en sobreabundancia".

Así como hizo Ezequiel, si les profetiza a los huesos, Dios resucitará lo que parece muerto. Él hará que sucedan cosas que usted jamás podría provocar.

Día tras día

...pero la lengua del sabio brinda alivio.
PROVERBIOS 12: 18

Una amiga mía había intentado abandonar el cigarrillo una y otra vez, pero no podía. Por años dijo: "Jamás romperé esta adicción. Pero si lo logro, sé que subiré mucho de peso". Un día alguien le dijo que comenzara a decir: "No me gusta fumar. Voy a dejar de fumar y no voy a engordar", incluso cuando ella continuaba fumando y disfrutándolo. Día tras día, profetizaba victoria. No estaba hablando acerca de cómo era; sino acerca de cómo quería ser.

Tres meses después, notó que el cigarrillo sabía casi amargo. Su sabor siguió empeorando y empeorando. Varios meses después, ya no podía soportarlo más. Dejó de fumar, y jamás subió de peso en lo más mínimo. Rompió esa adicción, en parte, por medio del poder de sus palabras. Se atrevió a profetizar su futuro.

Un gran futuro

> *"Ustedes se propusieron hacerme mal, pero Dios dispuso todo para bien. Él me puso en este cargo para que yo pudiera salvar la vida de muchas personas".*
>
> **GÉNESIS 50:20 (NTV)**

Probablemente, usted haya pasado muchos años diciendo cosas negativas sobre su vida. Permítame guiarlo en algunos "Díganlo". Haga estas declaraciones en voz alta.

"Cumpliré mis sueños. Las personas correctas están en mi futuro. Las oportunidades adecuadas están delante de mí".

"Soy la cabeza y no la cola. Prestaré y no pediré prestado".

"Venceré cada obstáculo. Aquello que fue pensado para mi mal, Dios lo está usando a mi favor. Tengo un gran futuro".

"Corro con propósito cada paso. Tendré todo lo que Dios destinó que tuviera. ¡Soy el redimido del Señor, y yo lo *digo* hoy!".

La bendición ordenada

"...si oyeres atentamente la voz de Jehová tu Dios, para guardar y poner por obra todos sus mandamientos... Vendrán sobre ti todas estas bendiciones, y te alcanzarán...".

DEUTERONOMIO 28:1-2 (RVR 1960)

Cuando honra a Dios con su vida, dándole a Él el primer lugar, Él pone algo en usted llamado una *bendición ordenada*. La bendición ordenada se asemeja a un imán. Atrae a las personas indicadas, las buenas oportunidades, contratos, ideas, recursos e influencias. Ya no tiene que ir en pos de estas cosas, tratando de hacer que algo suceda en su propia fuerza o por su propio talento; esperando que la vida resulte. Todo lo que tiene que hacer es seguir honrando a Dios y las personas adecuadas lo encontrarán. Las oportunidades correctas se cruzarán en su camino. El favor, la sabiduría y la vindicación lo perseguirán.

¿Por qué? Porque se ha convertido en un imán de la bondad de Dios.

11 de marzo

Atraiga la bondad

*Toda buena dádiva y todo don perfecto
descienden de lo alto, donde está el Padre que
creó las lumbreras celestes, y que no cambia
como los astros ni se mueve como las sombras.*

SANTIAGO 1:17

La milicia cuenta con lo que se conoce como misiles guiados por calor, los cuales siguen su objetivo a dondequiera que vaya y finalmente lo alcanza y logra su cometido. Del mismo modo, cuando pone a Dios en primer lugar, Él enviará bendiciones que lo perseguirán, enviará su favor que lo alcanzará. De manera inesperada, surgirá una buena oportunidad. De pronto, su salud comenzará a mejorar. De repente, podrá pagar la hipoteca de su casa. No se trata de una coincidencia. Es la bendición ordenada sobre su vida.

Significa que porque está honrando a Dios, ahora mismo, algo es atraído a usted. No el temor, la enfermedad, la depresión o las adversidades. Por el contrario, el favor lo está persiguiendo, el ascenso va en su dirección, las conexiones divinas lo están buscando.

Una nueva actitud

*Si así procedes, tu luz
despuntará como la aurora, y
al instante llegará tu sanidad.*
ISAÍAS 58:8

Debido a que usted tiene una bendición ordenada sobre su vida, tiene que comenzar a pensar en ese sentido. Si se encuentra enfrentando una enfermedad, en lugar de pensar: *Jamás me voy a recuperar. Deberías ver el reporte médico,* su actitud debería ser: *La sanidad me está buscando. La restauración me está persiguiendo.* Si se encuentra luchando con sus finanzas, en vez de pensar: *Nunca saldré de las deudas. No voy a poder cumplir mis sueños,* necesita decirse a usted mismo: *La abundancia me está buscando. El favor está en mi futuro. Las buenas oportunidades me están persiguiendo.* Si está soltero, no concluya: *Nunca me voy a casar. Estoy demasiado viejo. Ha pasado mucho tiempo.* Por el contrario, sus pensamientos deben declarar: *La persona indicada me está buscando. Las conexiones divinas me están persiguiendo. Ya están en mi futuro. Como un imán las estoy atrayendo.*

Mucho más
abundantemente

Y a Aquel que es poderoso para
hacer todas las cosas mucho
más abundantemente de lo que
pedimos o entendemos, según el
poder que actúa en nosotros…
EFESIOS 3:20 (RVR 1960)

Cuando veo mi vida en retrospectiva, es evidente que la mayoría de los favores y las buenas oportunidades vinieron a mí. No salí a buscarlas. Simplemente estaba haciendo lo mejor que podía, y Dios hizo más de lo que pudiera pedir o entender. Pasé diecisiete años detrás de escena en Lakewood, colaborando fielmente con la producción televisiva. Di mi todo. Hice un esfuerzo extra de mi parte para asegurarme de que cada transmisión sea tan perfecta como fuere posible.

No buscaba convertirme en el pastor principal de Lakewood. Estaba contento en donde estaba, tras bastidores. Pero cuando mi padre se fue con el Señor, esta oportunidad vino a buscarme. Nunca planeé hacer esto; me persiguió.

Como un imán

*"Ningún ojo ha visto, ningún
oído ha escuchado, ninguna
mente humana ha concebido
lo que Dios ha preparado
para quienes lo aman".*
1 CORINTIOS 2:9

Cuando tenía unos veinte años, entré a una
joyería y conocí a Victoria por primera vez.
Salimos en nuestra primera cita y nos diver-
timos mucho. La semana siguiente, ella me invitó a cenar y tuvimos un tiempo maravilloso.
La historia continuó con llamadas repetitivas
de mi parte, pero ella estaba siempre ocupada
o no estaba disponible. Finalmente, asumí que
ya no quería verme, y dejé de llamarla. Después
de dos semanas, ella me vio en una pequeña cafetería y me dijo: "Joel, lamento mucho haber
perdido tus llamadas".

Los sueños de Dios para nuestras vidas son
mucho mayores que los nuestros. Cuando honra
a Dios, no tiene que ir detrás de ellos, vendrán
hacia usted. Como un imán, los atraerá.

Dé lo mejor de sí

Gracia y gloria dará Jehová.
No quitará el bien a los
que andan en integridad.
SALMO 84:11 (RVR 1960)

Dios tiene preparadas a las personas correctas para su futuro. Cuando honra a Dios, la persona que Él ha designado para usted, la indicada, se cruzará en su camino como si fuera atraída por un imán. Él hará que usted esté en el lugar correcto en el momento oportuno. No tiene que jugar a las apariencias ni tratar de convencer a alguien para que usted le guste. Si no lo celebran y no lo ven como un regalo, como un tesoro, como único en sí mismo, siga su camino. La persona que Dios ha diseñado para usted pensará que es lo mejor del mundo.

Si continúa dando lo mejor de usted en el lugar donde está, honrando a Dios, obtendrá favor, el ascenso y oportunidades muchos mayores de las que haya imaginado.

16 DE MARZO

Manténgase firme

Jotán llegó a ser poderoso porque se
propuso obedecer al Señor su Dios.
2 CRÓNICAS 27:6

Si Dios fuera a mostrarle en este momento aquello que ha planeado para usted y hacia dónde lo está llevando —favor, ascenso, influencia— lo dejaría perplejo. No va a suceder solo a causa de su talento, su personalidad o su arduo trabajo. Va a suceder por la bendición ordenada sobre su vida. La unción de Dios sobre usted es más importante que su talento, su educación o la familia de la que provenga. Quizá tenga menos talento, pero con el favor de Dios, irá más allá que las personas que son mucho más talentosas.

Si continúa llegando a su trabajo en horario, haciendo más de lo que se le requiere, siendo una persona de excelencia e integridad, la persona indicada lo encontrará, las oportunidades correctas lo perseguirán.

Pase la prueba

Su señor le respondió: "¡Hiciste bien, siervo bueno y fiel! En lo poco has sido fiel; te pondré a cargo de mucho más. ¡Ven a compartir la felicidad de tu señor!".

MATEO 25:21

No se frustre si los planes de Dios para su vida no suceden de acuerdo con su cronograma. Usted tiene que pasar algunas pruebas. Tiene que probarle a Dios que será fiel en el lugar donde está. Si no es fiel en el desierto, ¿cómo puede Dios confiar en que será fiel en la Tierra Prometida? Debe mantener una buena actitud cuando las cosas no estén saliendo como quiere. Tiene que seguir siendo lo mejor que pueda cuando no esté recibiendo reconocimiento alguno. Haga lo correcto cuando sea difícil. Es allí cuando su carácter se desarrolla.

Si pasa estas pruebas, puede estar seguro de que Dios lo llevará adonde debe estar. Las personas correctas estarán en su futuro, al igual que las oportunidades correctas, las buenas ocasiones, la sabiduría, los contratos, las casas.

Bendiciones
explosivas

*Ustedes necesitan perseverar
para que, después de haber
cumplido la voluntad de Dios,
reciban lo que él ha prometido.*
HEBREOS 10:36

18

DE MARZO

He aprendido que en una milésima de segundo un toque del favor de Dios puede llevarlo más allá de lo que podría ir en toda su vida por su cuenta. Deje de pensar: *Me estoy quedando atrás cada vez más. Nunca cumpliré mis sueños.* No; Dios tiene bendiciones explosivas para su futuro. Él tiene bendiciones que lo lanzarán años y años hacia adelante.

Usted dice: "Todo esto suena bien, pero realmente no tengo el talento. No conozco a la persona correcta. No tengo el dinero". Está bien; Dios sí. Él ya ha preparado todo lo que necesita. Existen buenas oportunidades en este momento que tienen su nombre escrito en ellas. Si continúa honrando a Dios, dando lo mejor de usted, como un imán, va a atraer aquellas cosas que ya tienen su nombre.

Su nombre ya está escrito

"Sin embargo, para ustedes que temen mi nombre, se levantará el Sol de Justicia con sanidad en sus alas".
MALAQUÍAS 4:2 (NTV)

Quizá haya estado esperando que Dios supla por una necesidad en su vida y se pregunte cuándo va a suceder. Sucederá en el momento preciso. No se desanime. Dios sabe lo que hace. Si hubiera sucedido antes, no habría sido el mejor momento. Simplemente siga siendo fiel en el lugar donde se encuentra y continúe viviendo con esa actitud de que algo bueno viene en camino.

Cuando haga eso, usted va a atraer como un imán aquello que ya tiene su nombre. Hay sanidad con su nombre. Si está soltero, hay un cónyuge con su nombre escrito sobre él o ella. Hay un negocio que ya tiene su nombre. Dios ya ha escogido aquello que será suyo.

En su debido tiempo

*…la riqueza del pecador
está guardada para el justo.*
PROVERBIOS 13:22 (RVR 1960)

U sted no tiene que buscar las bendiciones de Dios. Busque a Dios, y las bendiciones lo buscarán a usted. Aquí es donde nos equivocamos. A menudo, pensamos: *Tengo que obtener este ascenso. Tengo que conocer a esta persona. Tengo que avanzar más rápido en mi carrera.* Y es verdad, tenemos que usar nuestros talentos, ser determinados y dar pasos de fe. Pero puede permanecer en paz. Puede vivir en reposo, sabiendo que porque está honrando a Dios, la persona indicada y las oportunidades correctas lo encontrarán.

Sepa que, como usted es una persona justa, hay algo que Dios ha preparado para usted. La buena noticia es que, en el momento oportuno, "en su debido tiempo" la bendición lo va a encontrar. Continúe honrando a Dios, y Él promete que alguno de estos "en su debido tiempo" lo van a rastrear hasta encontrarlo.

Busque primeramente su reino

"Más bien, busquen primeramente el reino de Dios y su justicia, y todas estas cosas les serán añadidas".

MATEO 6:33

DE MARZO 21

En la lectura del día de ayer, mencioné que hay algunos "en su debido tiempo" en su futuro. Nuestras hermosas instalaciones, el ex Compaq Center, son un ejemplo de "en su debido tiempo". Fue establecido para nosotros. El edificio fue primeramente llamado Summit, pero estoy convencido de que si quitara las etiquetas de los nombres cuando fue construido a principios de la década de 1970, usted habría visto el nombre "Lakewood Church". Dios nos tenía en mente cuando fue construido. A su debido tiempo, Dios dijo: Muy bien, es momento de entregarlo".

Lo maravilloso es que usted no tiene que ir detrás de los "en su debido tiempo"; solo busque a Dios. Manténgalo en primer lugar. Viva una vida de excelencia e integridad, y Dios promete que los "en su debido tiempo" se abrirán paso a sus manos.

Pida, busque, golpee

*"Pidan, y se les dará; busquen, y
encontrarán; llamen, y se les abrirá".*

MATEO 7:7

Mencioné que el edificio de nuestra iglesia
es un ejemplo de los "en su debido tiempo"
de Dios para nosotros. Lo sorprendente es que
no lo busqué; vino hacia mí. En dos oportunidades, traté de comprar un terreno y construir
un nuevo santuario, pero ambas veces, la propiedad fue vendida antes de que pudiéramos
cerrar el trato. En ese momento pensé: *Estamos
estancados. No tenemos forma de crecer.* Sin
embargo, cuando recibí la noticia inesperada de
que el Compaq Center estaba a la venta, algo
cobró vida en mi interior. Jamás había soñado
que podríamos tener una propiedad de primer
nivel en la cuarta ciudad más grande de los Estados Unidos, y está ubicada en la segunda autopista más transitada de la nación.

De la misma manera que sucedió con nosotros, los "en su debido tiempo" que Dios ha preparado para usted lo van a dejar perplejo. Van a
ser más de lo que pueda pedir o incluso entender.

Agradar a Dios

*Nuestro propósito es agradar a Dios, no
a las personas. Solamente él examina
las intenciones de nuestro corazón.*
TESALONICENSES 2:4 (NTV)

Jesús dijo que todo lo que usted necesita para
cumplir su destino ya ha sido establecido
para usted. Ahora solo tiene que procurar que
agradar a Dios sea su más alta prioridad. En
otras palabras, cuando sobrevenga la tentación,
permanezca firme y diga: "No, gracias. Voy
a agradar a Dios. Quiero cumplir mi destino.
Quiero entrar en mis 'en su debido tiempo'".
Antes de enfadarse con esa persona, deténgase
y declare: "No; voy a agradar a Dios y mantener mi boca cerrada". En la oficina, cuando
no lo estén tratando bien y sienta ganas de ha-
raganear, venza esa actitud y declare: "Yo voy a
agradar a Dios y seguir dando lo mejor de mí.
Sé que no estoy trabajando para los hombres;
sino para Dios".

Si usted vive así, entonces todas las fuerzas
de oscuridad no podrán separarlo de su destino.

Un siervo de Cristo

¿Qué busco con esto: ganarme la aprobación humana o la de Dios? ¿Piensan que procuro agradar a los demás? Si yo buscara agradar a otros, no sería siervo de Cristo.
GÁLATAS 1:10

Dios no solo ha preparado los "en su debido tiempo" en su vida; sino que ha dado un paso más. Él ya ha puesto su nombre en ellos. Ya han sido marcados como parte de su destino divino. Es probable que aún no lo haya visto, pero no se desanime.

¿Cuál es su parte? ¿Preocuparse? ¿Luchar? ¿Tratar de que sucedan? ¿Manipular a esta persona y quizá le haga un favor? No, no necesita adular a la gente. No tiene que rogarle a nadie con la esperanza de que le arrojen una migaja aquí o allá. No es un mendigo; usted es hijo del Dios Altísimo. Tiene sangre real corriendo por sus venas. Lleva puesta una corona de favor. El Creador del universo lo ha llamado, equipado, vestido de poder y escogido.

Honre a Dios

*"Yo, el Señor, Dios de Israel,
lo afirmo. 'Yo honro a los
que me honran...'".*
1 SAMUEL 2:30

En este momento, lo están buscando; no la derrota, la lucha o la escasez. Usted es una persona justa. El favor lo está buscando. Las buenas oportunidades, la sanidad, las influencias lo están persiguiendo.

Las personas correctas aparecerán, aquellos que quieren ayudarlo. Las buenas oportunidades, los negocios, los contratos lo buscarán. Una llamada, alguien a quien Dios le ha ordenado que lo ayude, puede cambiar el curso de su vida. ¿Cómo va a suceder esto? ¿Es solamente a través de su talento, su habilidad y su arduo trabajo? En parte sí, pero la clave principal es mediante honrar a Dios. Eso es lo que lo coloca en posición para que sus bendiciones lo alcancen. Eso es lo que lo convierte en un imán de su favor.

26

Primero tenga esperanza

Y te hará Jehová tu Dios abundar en toda obra de tus manos...
DEUTERONOMIO
30:9 (RVR 1960)

Usted es un imán poderoso. Tal vez esté muy cerca de atraer aquello para lo que ha estado orando y creyendo. Ha honrado a Dios. Ha sido fiel. Ahora Dios está a punto de soltar un "en su debido tiempo" en su vida. Va a ser mayor de lo que ha imaginado. Cuando lo reciba, va a ser mejor de lo que alguna vez soñó. Va a decir: "Valió la pena esperar".

"Bueno, Joel, simplemente me está dando esperanza". Tiene razón. No puede tener fe si primeramente no tiene esperanza. Es fácil quedarse atrapado en una rutina, pensando: *Dios ha sido bueno conmigo. Tengo una buena familia. Gozo de buena salud. Soy bendecido.* Pero todavía no ha visto nada. No ha rascado ni siquiera la superficie de lo que Dios tiene preparado.

Puertas abiertas

"Yo conozco tus obras; he aquí, he puesto delante de ti una puerta abierta, la cual nadie puede cerrar…".

APOCALIPSIS 3:8 (RVR 1960)

Si usted me hubiera dicho hace años que un día ministraría alrededor del mundo y que tendría libros traducidos en diferentes idiomas, habría pensado: *No yo. No tengo nada para decir.* Pero Dios conoce lo que Él ha puesto en usted: los dones, los talentos, el potencial. Tiene semillas de grandeza en su interior. Se van a abrir puertas que ningún hombre podrá cerrar. Va a salir de usted talento que no sabía que tenía. Dios lo va a conectar con las personas correctas. Le va a presentar oportunidades que lo lanzarán a un nuevo nivel de su destino.

Sueñe en grande. Crea en grande. Ore en grande. Permita que Dios haga algo nuevo en su vida.

28 DE MARZO

Recompensas

*Los problemas persiguen a los pecadores, mientras
que las bendiciones recompensan a los justos.*
PROVERBIOS 13:21 (NTV)

Por medio de Cristo Jesús, usted es uno de los justos. Ahora mismo, es bendecido con el favor de Dios. El ascenso lo está persiguiendo. La sanidad lo está buscando. La victoria viene en camino. Las buenas ideas vendrán hacia usted y tocarán las vidas de las personas. Algunos comenzarán un ministerio o un negocio que no se comparará con nada de lo que alguna vez imaginó. Dios lo ha levantado para tomar tierras nuevas para el reino, para ir a donde otros no se atrevieron a ir.

No tiene que preocuparse acerca de cómo sucederá. Dios sabe cómo hacer que las bendiciones lo encuentren. Aquello que tenga su nombre escrito —las propiedades, las buenas oportunidades, los negocios, el favor— en el tiempo correcto se abrirá paso a sus manos.

29 DE MARZO

Guarde su corazón

Por sobre todas las cosas cuida tu
corazón, porque de él mana la vida.
PROVERBIOS 4:23

Jamás diga: "Nunca voy a salir de las deudas".
"Jamás me casaré". "Nunca me volveré a recuperar". ¿Sabe qué está haciendo? Desmagnetizando su imán. Está removiendo el poder
de atracción que Dios ha puesto en usted: sus
dones, sus talentos, su potencial.

Cuando era un niño pequeño, solía jugar
con un imán. Un día, descubrí que el imán
había perdido su poder de atracción. Lo había
dejado cerca de algo que lo desmagnetizó. Se
veía igual, pero ya no atraía nada. Del mismo
modo, cuando moramos en los pensamientos
negativos —*no puedo, no soy capaz, nunca va*
a suceder—estamos desmagnetizando nuestro
imán. Le está quitando su poder para atraer
aquellas cosas que le pertenecen.

Haga lugar para más

"Agranda tu casa; construye una ampliación. Extiende tu hogar y no repares en gastos. Pues pronto estarás llena a rebosar…".
ISAÍAS 54:2-3 (NTV)

30
DE MARZO

Cada uno de nosotros podemos mirar hacia atrás y recordar un momento en nuestras vidas cuando inesperadamente vimos el favor de Dios. Usted no lo buscó; vino en pos de usted. Dios lo ha hecho en el pasado, y la buena noticia es que no solamente va a volver a hacerlo en el futuro, sino que lo que le va a mostrar va a hacer que lo que ya haya visto palidezca en comparación. Él tiene bendiciones explosivas preparadas para usted. Va a mirar hacia atrás y me va a acompañar en decir: "¿Cómo fue que llegué aquí? No soy el más calificado o el más talentoso. No tengo una vasta experiencia". Tal vez no, pero Dios sí. Él sabe cómo llevarlo a donde usted debe estar. A lo largo del día haga esta declaración: "Soy bendecido".

Algo bueno

"Te daré los tesoros de las tinieblas, y las riquezas guardadas en lugares secretos, para que sepas que yo soy el Señor, el Dios de Israel, que te llama por tu nombre".

ISAÍAS 45:3

Cuando se da cuenta de que Dios ha puesto una bendición ordenada sobre su vida, y sale cada día con la actitud de que algo bueno va a sucederle, es cuando Dios puede hacer todas las cosas mucho más abundantemente de lo que pedimos o entendemos.

Creo que está próximo a atraer las buenas oportunidades, los ascensos, la sanidad, el favor, las ideas, los contratos y la creatividad. Dios está a punto de soltar aquellas cosas que ya tienen su nombre escrito. No va a tener que salir a buscarlas; van a venir a perseguirlo. Van a ser mayores de lo que ha imaginado. Está a punto de entrar en la plenitud de su destino y convertirse en todo lo que Dios lo ha creado para que sea.

Sea transformado

No se amolden al mundo actual, sino sean transformados mediante la renovación de su mente. Así podrán comprobar cuál es la voluntad de Dios, buena, agradable y perfecta.
ROMANOS 12:2

Cuando hemos luchado en un área durante mucho tiempo, es fácil pensar: *Esta es la manera en que siempre van a ser las cosas. Siempre lucharé con mis finanzas. Mi matrimonio nunca va a mejorar.* A menudo, lo vemos como situaciones permanentes. La gente me dice: "Yo siempre he sido pesimista. Es que así soy". Se han convencido a sí mismos de que nunca van a cambiar.

Si cree que es permanente, entonces será permanente. Si piensa que ha alcanzado sus límites, entonces así será. Si piensa que nunca se va a recuperar, no va a mejorar. Por tanto, debe cambiar su manera de pensar. Necesita considerar todo aquello que ha estado reteniéndolo —cada limitación, cada adicción, cada enfermedad— como algo temporal.

No se conforme

…mientras que los de Judá salieron victoriosos porque confiaron en el Señor, Dios de sus antepasados.
2 CRÓNICAS 13:18

2 DE ABRIL

Quizá haya luchado en un área durante años. El informe médico dice: "Simplemente aprenda a convivir con ello". Pero hay otro informe que dice: "Dios está restaurando su salud. Él hará cumplir el número de sus días". Su actitud debería ser: *Esta enfermedad está en territorio extranjero. Soy templo del Dios Altísimo.* Tal vez se sienta estancado en su carrera. No ha tenido una buena oportunidad en mucho tiempo. Ha ido tan lejos como su preparación académica se lo ha permitido. Es fácil pensar: *He llegado a mi límite.* Lo animo a declarar a lo largo del día: "No me voy a conformar aquí. Mis mayores victorias están todavía delante de mí".

Si cambia su manera de pensar, verá que las cosas comenzarán a mejorar.

3 de abril

Derribe fortalezas

*Las armas con que luchamos no son
del mundo, sino que tienen el poder
divino para derribar fortalezas.*
2 CORINTIOS 10:4

En el momento que usted acepta que algo negativo es la norma, en el momento en que decide: *Este es el paquete que me tocó en la vida,* es cuando puede arraigarse y convertirse en una realidad. Se levanta una fortaleza en su mente que puede impedir que alcance su destino.

Tiene que estimular su fe. Dios no está limitado por su educación, por su nacionalidad o por su trasfondo. Pero sí está limitado por su manera de pensar. Le estoy pidiendo que se levante en contra de las mentiras de permanencia, mentiras que afirman: "Jamás adelgazará. Nunca vencerá esa adicción. Nunca tendrá su propia casa". Cuando sobrevengan esos pensamientos, descártelos. No le dé un solo minuto de su atención. Dios está diciendo: "No es permanente; es temporal. No vino para quedarse; vino de paso".

Sea libre

Si tu hermano hebreo, hombre o mujer, se
vende a ti y te sirve durante seis años,
en el séptimo año lo dejarás libre.
DEUTERONOMIO 15:12

Dios le dio a su pueblo esta ley que establecía que cada séptimo año tenían que librar a cualquier esclavo hebreo. Si usted era hebreo y le debía dinero a un tercero pero no podía pagar, usted era tomado como esclavo y lo hacían trabajar hasta que les pagara. Pero cada séptimo año, sin importar cuánto debiera todavía, el pueblo de Dios era librado. Todo el dolor, la lucha y el sufrimiento desaparecían en un día.

Esto me dice que nunca fue el propósito de Dios que su pueblo permaneciera en cautiverio. Quizá hoy usted se encuentre endeudado, pero Dios no dispuso que eso dure para siempre. Tal vez esté enfrentando una enfermedad, pero solamente es temporal. O quizá esté luchando con una adicción, pero esto no lo va a mantener cautivo.

5 DE ABRIL

Su séptimo año

"Así que si el Hijo los libera, serán ustedes verdaderamente libres".
JUAN 8:36

Así como sucedió con los esclavos hebreos, el séptimo año es cuando usted se libera de cualquier limitación que lo esté deteniendo: enfermedades, adicciones, deudas, luchas constantes. Parecía como si nunca fuese a cambiar, pero entonces un toque del favor de Dios y de pronto todo cambia. De repente, se le presenta una buena oportunidad. Repentinamente, su salud mejora. Sorpresivamente, un sueño se cumple. ¿Qué sucedió? Entró en un séptimo año.

Deje de decirse a sí mismo: "Este problema es permanente". Usted es hijo del Dios Altísimo. No va a ser un esclavo permanente de nada. Entre en acuerdo con Dios y afirme: "Estoy entrando en mi séptimo año. Es mi tiempo de ser libre. Toda cadena ha sido soltada. Cada fortaleza derribada. Sé que he sido librado para entrar en abundancia".

Es posible

Él les dijo: Lo que es
imposible para los hombres,
es posible para Dios.
LUCAS 18:27 (RVR 1960)

Durante tres años un hombre pasó por quimioterapia y radiación debido a un gran tumor en el área del estómago, pero nada le hacía efecto. Después de dos años sin haberse sometido a ningún tratamiento y sin cambios, uno de los colaboradores del ministerio de oración oró por él. Cuando volvió al hospital para más análisis, el tumor se había reducido a la mitad de su tamaño. Los doctores no lograban comprenderlo, pero el hombre mencionó la oración. El doctor dijo: "¡Dígale a esas personas que continúen orando por usted, porque a este ritmo va a desaparecer en solo unos meses!".

¿Qué sucedió? Un séptimo año. Dios no se limita a lo natural. No importa cuánto tiempo haya estado así o lo imposible que parezca. Cuando usted entra en su séptimo año, todas las fuerzas de las tinieblas no pueden detener lo que Dios quiere hacer.

7

Librado para extenderse

"Se hará con ustedes conforme a su fe".
MATEO 9:29

¿Hay limitaciones en su vida que piense que son permanentes? Dios está diciendo: "Prepárate. Estás entrando en tu séptimo año". El séptimo año es un año de liberación de enfermedades, dolencias crónicas, depresión, preocupación y ansiedad. Liberación de los malos hábitos y de las adicciones. También es una liberación para extenderse. Dios está pronto a liberarlo hacia nuevas oportunidades, buenas perspectivas y nuevos niveles. Él va a liberar ideas, creatividad, ventas, contratos y negocios. El séptimo año es cuando usted es soltado hacia la sobreabundancia. Es cuando los sueños se hacen realidad.

Ahora, usted tiene que recibir hoy esta palabra en su espíritu. Esto es para personas que saben que las cosas han cambiado a su favor. Es para aquellos que conocen que cada limitación es solamente temporal, para personas que saben que están entrando en su séptimo año.

El año agradable

*"El Espíritu del Señor está
sobre mí A predicar el año
agradable del Señor".*
LUCAS 4:18-19 (RVR 1960)

En el año 2003, Lakewood firmó un
arrendamiento de sesenta años con la ciudad
de Houston por nuestras instalaciones, el ex
Compaq Center. Queríamos ser dueños del edificio, pero el arrendamiento era lo mejor en ese
tiempo. Siete años después, en 2010, la ciudad
decidió vender algunas de sus propiedades. Nos
preguntaron si estaríamos interesados en comprar las instalaciones, y por supuesto lo estábamos, pero dependía del precio. Un edificio
nuevo como el nuestro hubiera costado cuatrocientos millones de dólares. La ciudad llevó a cabo
su propia tasación independiente. Regresaron a
nosotros y dijeron: "Bien, se lo venderemos por
siete millones y medio de dólares". Ahora ya no
arrendamos. Somos dueños de la propiedad.

¿No le resulta interesante? ¡Nuestro séptimo año por ese precio! Solo Dios puede hacerlo. ¡Amigo, hay algunos séptimos años en su
futuro!

Prepárese

"Haré brotar ríos en las áridas cumbres, y
manantiales entre los valles. Transformaré
el desierto en estanques de agua, y
el sequedal en manantiales".

ISAÍAS 41:18

Es probable que piense: *Jamás podría pagar esa propiedad Nunca mejoraré Nunca conoceré a la persona correcta.* No; usted necesita prepararse. Cuando entre en su séptimo año, Dios va a hacer más de lo que pueda pedir o incluso imaginar. Él va a exceder sus expectativas. Va a ser mayor, mejor y más gratificante de lo que pensó que fuera posible. Dios lo va a liberar de arrendar para ser propietario. Él lo va a liberar de sus deudas a la abundancia, de la enfermedad a la salud, de la lucha constante a una unción de facilidad.

Atrévase a decir: "Dios, quiero agradecerte porque estoy entrando en mi séptimo año. Gracias porque me estás liberando a la plenitud de mi destino. ¡Soy libre!". Cuando cree, todas las cosas son posibles.

10 DE ABRIL

No hay vacante

"¡Levántate y resplandece, que tu luz ha
llegado! ¡La gloria del Señor brilla sobre ti!".

ISAÍAS 60:1

Quizá usted haya convivido con una enfermedad o una dolencia crónica por mucho tiempo. Ha tolerado por demasiado tiempo esa depresión. Ha luchado con una adicción ya mucho tiempo. Ahora la esperanza ha comenzado a llenar su corazón. Dios le está diciendo: "Este es tu tiempo. Prepárate para ser libre. Prepárate para recibir la victoria. Prepárate para extenderte. Prepárate para tu séptimo año".

¿Cómo debe prepararse? Deje de apropiarse de tales cosas. Esa enfermedad esa dolencia crónica esa dificultad financiera no forma parte de lo que usted es. Tal vez esté allí de forma temporal, pero no es donde se va a quedar. En su mente, no permita que se mude y que establezca su residencia. Necesita tener uno de esos letreros que dicen: "No hay vacantes". Comience a pensar, comience a declarar y comience a actuar como si su situación fuera a cambiar.

Crea que es temporal

Porque esta leve tribulación
momentánea produce
en nosotros un cada
vez más excelente y
eterno peso de gloria.
2 CORINTIOS 4:17 (RVR 1960)

11
DE ABRIL

Sus limitaciones pueden parecer grandes, pero por medio de la fe necesita verlas como leves y temporales. Esto es lo que hizo Moisés. Los israelitas habían estado en esclavitud por cientos de años. Moisés tuvo un hijo a quien llamó Gersón, que significa: "Soy un peregrino en tierra extranjera". Moisés estaba haciendo esta declaración de fe: "Estamos en esclavitud, pero la esclavitud no es nuestra norma. Somos extranjeros en esta tierra. No nos quedaremos aquí por mucho más tiempo".

Cuando confronta una limitación, dígase a sí mismo: "No voy a quedarme aquí mucho tiempo. No tengo ciudadanía aquí. Quizá sea donde estoy, pero no es quién soy yo. Yo soy bendecido. Soy saludable. Soy fuerte. Soy victorioso". Cualquier cosa en sentido contrario debe verla como extranjera, como temporal.

Sea audaz

12
DE ABRIL

"Así dice el Señor: 'Pon tu casa en orden, porque vas a morir; no te recuperarás'".

ISAÍAS 38:1

El rey Ezequías estaba muy enfermo cuando el profeta de Dios anunció que iba a morir. Ezequías pudo haberlo aceptado y pensado: *Es lo que me tocó en la vida.* Sin embargo, tuvo cierta audacia. Escogió creer incluso cuando la situación parecía imposible. La Escritura dice: "Ezequías volvió el rostro hacia la pared y le rogó al Señor".

Me imagino que oró: "Dios, te pido que me concedas más años. Dios, no he acabado. Te he servido. Mi familia te ha honrado. Dios, déjame vivir más tiempo". Antes de que el profeta saliera del palacio, Dios le habló y le dijo: "Ve y dile a Ezequías que así dice el Señor, Dios de su antepasado David: 'He escuchado tu oración y he visto tus lágrimas; voy a darte quince años más de vida'". Quisiera que observe lo siguiente: La fe de Ezequías es lo que produjo su séptimo año. Su fe es lo que causa el obrar de Dios.

Créalo

"El Señor me salvará, y en el templo del todos los días de nuestra vida cantaremos con instrumentos de cuerda".
ISAÍAS 38:20

Continuando con la lectura de ayer, resulta interesante que cuando Ezequías recibió la noticia de que su vida se extendería, no se sintió mejor. Esta es la clave: Ezequías no esperó a que su salud mejorara antes de darle alabanza a Dios y empezó a hablar como si fuera a vivir. Es fácil pensar: *Cuando lo vea, lo creeré*. Pero la fe dice: "Debe creerlo y entonces lo verá".

Como Isaías, le he anunciado que está entrando en su séptimo año. Mire sus circunstancias y diga: "No se ve diferente, pero Dios, creo que estoy entrando en un nuevo tiempo de tu favor, que toda limitación ha sido rota. Solo quiero agradecerte por tu bondad en mi vida".

Solo parece permanente

*Entren por sus puertas con
acción de gracias; vengan
a sus atrios con himnos de
alabanza; denle gracias,
alaben su nombre.*

SALMO 100:4

Vimos en la sanidad de Ezequías que nuestra
alabanza es lo que activa el favor de Dios.
Cuando tiene la valentía de hablar como si
fuera a suceder, actuar como si fuera a suceder,
y alabar como si fuera a suceder, es cuando
Dios le dice a los ángeles: "Dense vuelta, re-
gresen y díganles que voy a cambiar lo que parecía permanente".

¿Está soltando su fe? ¿Le está dando gracias
a Dios porque está siendo transformado? ¿Está
declarando: "Donde estoy no es donde me voy
a quedar? Esta enfermedad es temporal. Estoy
saliendo de las deudas. Hay nuevos niveles en
mi futuro. Soy libre". Cuando tiene esta actitud de fe, declarando victoria sobre su vida, es
cuando el Creador del universo se presentará y
hará cosas maravillosas.

Alabe a Dios

Exalten a Dios con sus gargantas…
SALMO 149:6 (RVR 1960)

A menudo, en lugar de rendirle nuestra alabanza a Él, solo le rendimos nuestros problemas. Es fácil convertir la oración en una sesión de queja, pero recuerde, Dios ya conoce sus necesidades. No tiene que contarle a Dios todo lo que está mal, lo que no le gusta o cuánto tiempo ha pasado así.

Es mucho mejor llevarle a Dios su alabanza en lugar de sus problemas. Su situación financiera quizá no se vea bien, pero haga al revés. "Señor, quiero agradecerte sé que estás supliendo todas mis necesidades. Gracias por ser Jehová Jireh; Dios mi proveedor". Tal vez no se sienta bien, pero en vez de quejarse, diga: "Señor, gracias porque cada día me siento más saludable, más fuerte y mejor". La alabanza llama la atención de Dios, no la queja.

Dios lo sabe todo

"Señor, he oído hablar mucho de ese
hombre y de todo el mal que ha
causado a tus santos en Jerusalén".

Hechos 9:13

Cuando Saulo de Tarso fue cegado por esa gran luz en el camino a Damasco, Dios le habló a Ananías para que fuera a orar por él. Pero Ananías inmediatamente le recordó al Señor que había oído que Saulo era muy peligroso. No obstante, el Señor le dijo: "Ve".

Si siempre le está diciendo a Dios lo que ha escuchado, va a perderse las bendiciones de Dios. Se va a desanimar. La duda llenará su mente. "Dios, el informe financiero dice que nunca voy a poder salir adelante". Esta es la clave: No le cuente a Dios aquello que ha escuchado. Dios dice que lo pondrá por cabeza, y no por cola. Ahora bien, no le cuente todas las razones por las que usted no lo logrará. No lleve sus problemas a Dios; llévele su alabanza. "Señor, gracias porque estoy entrando en mi séptimo año, un año de liberación, un año de abundancia".

Anúncielo

*El Espíritu del Señor... me
ha ungido para anunciar...
liberación a los cautivos y
libertad a los prisioneros...*
ISAÍAS 61:1

Isaías en efecto estaba diciendo: "Las cosas
quizá parezcan permanentes, pero te
anuncio tu libertad. Te anuncio que saldrás de
las deudas que la enfermedad no te va a derrotar que nuevos niveles hay en tu futuro".
Luego, lo llevó un paso más allá y dijo: "Declaro el año del favor del Señor". Observe este
principio: Él lo anunció, luego lo declaró.

¿Qué sucedería si hiciéramos lo mismo? "Hoy
anuncio que vamos a salir de las deudas, de las luchas y de estar siempre atrás. Declaro que estamos
entrando en un incremento, en desbordamiento
y en abundancia". ¿O qué tal esto? "Anuncio que
no viviremos pesimistas, depresivos, preocupados,
ansiosos ni estresados. Proclamo que somos felices, que estamos contentos, confiados, seguros,
llenos de gozo y que amamos nuestras vidas".
Tiene que anunciarlo y proclamarlo por fe.

Libertad

Cristo nos libertó para que vivamos en libertad. Por lo tanto, manténganse firmes y no se sometan nuevamente al yugo de esclavitud.

GÁLATAS 5:1

Con frecuencia anunciamos y declaramos las cosas equivocadas. "Creo que nunca voy a poder pagar estas tarjetas de crédito". Eso significa anunciar derrota y declarar mediocridad. Tiene que cambiar aquello que sale de su boca. Comience a declarar libertad por todo aquello que lo está reteniendo. Libertad de la soledad de la depresión de las adicciones de las luchas constantes. Quizá ahora no sea una realidad, pero de esto se trata la fe.

Tal vez haya luchado en un área durante mucho tiempo, pero permítame declarar esto sobre usted: "No es permanente. Creo y declaro que Dios lo está soltando a su séptimo año. Él lo está soltando a nuevas oportunidades, a favor; lo está liberando para que reciba sanidad y victoria. Lo está liberando a la plenitud de su destino".

Creado a su imagen

*Y Dios creó al ser humano a
su imagen; lo creó a imagen de
Dios. Hombre y mujer los creó.*
GÉNESIS 1:27

Archie Manning era un mariscal de campo
tremendo de la NFL, y dos de sus hijos,
Peyton y Eli, también se convirtieron en excelentes mariscales de campo. ¿Cómo puede ser
esto? De los millones de jóvenes que juegan al
fútbol americano, ¿cómo es que estos dos hermanos se destaquen? No es una coincidencia.
Tienen el ADN de su padre.

Cuando Dios lo creó a su imagen, él puso
una parte de sí mismo en usted. Se podría decir
que tiene el ADN del Dios Todopoderoso. Está
destinado a hacer grandes cosas, destinado a
dejar su marca en esta generación. Su Padre celestial creó al mundo con su palabra. Lanzó es-
trellas al espacio. Ahora bien, aquí está la clave:
Él no es solamente el Creador del universo. Él
no es solamente el Dios Todopoderoso. Él es
su Padre celestial. Usted tiene su ADN. Imagínese lo que usted puede hacer.

Creado para grandes cosas

Mas a Dios gracias, el cual nos lleva siempre en triunfo en Cristo Jesús, y por medio de nosotros manifiesta en todo lugar el olor de su conocimiento.

2 CORINTIOS 2:14 (RVR 1960)

Muchas veces no nos damos cuenta de quiénes somos. Nos enfocamos en nuestras debilidades, en lo que no tenemos, en los errores que hemos cometido y en la familia de la cual provenimos. Terminamos conformándonos con la mediocridad cuando en realidad fuimos creados para grandes cosas. Si está dispuesto a sobresalir del promedio, necesita recordarse a sí mismo: "Tengo el ADN del Dios Altísimo. La grandeza está en mis genes. Provengo de un linaje de campeones".

Cuando se da cuenta de quién es, no va a ir por allí sintiéndose intimidado e inseguro, pensando: *Soy pobre. No soy tan talentoso. Provengo de la familia equivocada.* No; usted proviene de la familia correcta. Su Padre lo creó todo.

21 DE ABRIL

Soy único

¡Fíjense qué gran amor nos ha dado el Padre,
que se nos llame hijos de Dios! ¡Y lo somos!
1 JUAN 3:1

Cuando sepa quién es usted como hijo de Dios, comenzará a pensar como un ganador, hablar como un ganador y actuar como un ganador. Pasará de tirar la toalla y decir: "Este obstáculo es demasiado grande. Nunca lo podré vencer", a declarar: "Todo lo puedo en Cristo. Si Dios está conmigo, ¿quién se atreve a estar en mi contra?" De ver su puntuación en los exámenes y concluir: *Soy un estudiante promedio. Todo lo que puedo lograr son notas apenas suficientes*, a: *Soy un estudiante ejemplar. Tengo la mente de Cristo.* De verse en el espejo y murmurar: "No tengo una buena personalidad. No soy tan atractivo, a insistir: "He sido creado de manera formidable y maravillosa. Soy único".

❧

¿Quién es su Padre?

Por lo tanto, si alguno está en Cristo,
es una nueva creación. ¡Lo viejo ha
pasado, ha llegado ya lo nuevo!
2 CORINTIOS 5:17

Recuerdo un anuncio sobre la prueba de ADN que hacía la pregunta: "¿Quién es el padre?". Pueden tomar su ADN, y de mil millones de personas en la tierra, la probabilidad de que su ADN coincida con el de alguien más que no sea de su familia es tan ínfima que es inconcebible.

De la misma manera, cuando le entregó su vida a Cristo, la Escritura habla acerca de que se convirtió en una nueva criatura. Nació en una nueva familia. Entró a un nuevo linaje. Ahora imagínese que de alguna manera pudieran tomar una muestra del ADN de su Padre celestial, y luego una muestra de su ADN, y realizar todas las pruebas. La buena noticia es que daría por resultado una coincidencia perfecta. Probaría sin lugar a dudas que usted es hijo de Dios. Usted tiene su ADN. Proviene de un linaje real.

Está en su ADN

*"No tengan miedo, mi
rebaño pequeño, porque
es la buena voluntad del
Padre darles el reino".*

23

DE ABRIL

LUCAS 12:32

Dado el hecho de que su ADN espiritual
coincide con el de su Padre celestial al ser
una nueva criatura, no se atreva a ir por la vida
pensando que es una persona promedio. *Nunca
podré cumplir mis sueños. Jamás saldré de las
deudas.* ¿Está bromeando? ¿Acaso no sabe quién
es su Padre? Él es el creador del universo. No
hay nada demasiado difícil para usted. Puede
vencer esa enfermedad. Puede dirigir esa empresa. Puede construir y mantener ese orfanato.
Puede llevar a su familia a un nuevo nivel.

Deje de creer las mentiras que dicen: "Ha
alcanzado sus límites. Ya llegó tan lejos como
podía". Comience a hablarse a sí mismo como
a un ganador. Está en su sangre. Se espera que
tenga éxito. Se espera que se recupere. Se espera que viva libre de deudas. ¿Por qué? A
causa de quién es su Padre.

Al igual que su Padre

*A pesar de todo, Señor, tú
eres nuestro Padre; nosotros
somos el barro, y tú el alfarero.
Todos somos obra de tu mano.*

ISAÍAS 64:8

En cierto sentido, no es gran cosa que yo sea el pastor de la iglesia Lakewood Church. Mi padre fue ministro por más de cincuenta años. Esto es todo lo que he visto al crecer. Está en mis genes. De la misma manera, no es gran cosa que usted cumpla sus sueños o viva saludable y en completa salud. No es gran cosa que lidere la empresa en ventas. ¿Por qué? De tal palo, tal astilla. Está en su ADN espiritual.

Usted no provino de una cepa ordinaria. Usted provino de lo mejor de lo mejor. No importa nuestra apariencia, de qué color somos, cuán alto o cuán bajo, cuán atractivo o poco atractivo, o cuántas debilidades tengamos. Aquello que sobrepasa todo eso es que dentro de usted está el ADN de un campeón.

Un campeón

A éstos Dios se propuso dar a conocer cuál es la gloriosa riqueza de este misterio entre las naciones, que es Cristo en ustedes, la esperanza de gloria.
COLOSENSES 1:27

Los caballos de carrera de campeonato han sido estudiados y criados cuidadosamente por generaciones. Antes de cruzarlos, los propietarios van décadas atrás y estudian el linaje de un semental en particular. Investigan a su padre y abuelo para estudiar lo largo de sus zancadas, lo alto de sus piernas, su velocidad al momento de la partida y su resistencia. Con toda esta información, escogen lo que ellos creen que sería la pareja perfecta. Entienden que los ganadores no suceden al azar. Está en su ADN. Eso es lo hace que estos caballos se destaquen.

Cuando nace el pequeño potrillo con sus piernas tambaleantes y sin ser distinto de cualquier otro potrillo que haya nacido, los dueños están plenamente confiados, sabiendo que en el interior de ese pequeño potrillo está el ADN de un campeón.

En su linaje

"Señor, Dios de nuestros antepasados, ¿no eres tú el Dios del cielo, y el que gobierna a todas las naciones?".
2 CRÓNICAS 20:6

Si retrocede en el tiempo y estudia su linaje espiritual, verá que su Señor y Salvador venció al enemigo en la cruz. Hay victoria en su linaje. Verá a su ancestro Moisés dividir el mar Rojo. Hay gran fe en su linaje. David, un pastorcito, derrotó a un gigante. Hay favor en su linaje. Sansón derribó los pilares de un gran edificio. Hay fuerza sobrenatural y poder en su linaje. Nehemías reconstruyó las murallas de Jerusalén cuando todos los pronósticos estaban en su contra. Hay expansión, promoción y abundancia en su linaje. Una jovencita llamada Ester tomó el desafío y salvó a su pueblo de una muerte segura. Hay valentía en su linaje.

Ahora bien, no valla por ahí pensando: *Nunca podré vencer esta adicción.* Usted proviene de un linaje de campeones.

27 de abril

Nacido para vencer

...porque todo el que ha nacido de Dios
vence al mundo. Ésta es la victoria
que vence al mundo: nuestra fe.

1 JUAN 5:4

Usted nació para vencer y vivir en victoria. No importa cuáles son sus circunstancias actuales. La adicción no vino para quedarse. La libertad está en su ADN espiritual. La enfermedad no es permanente. La salud y la plenitud están en su ADN. Ese problema familiar, contienda, división; no va a durar para siempre. La restauración está en su ADN. Escasez, lucha y pobreza no son su destino. La abundancia, el incremento, la oportunidad y las ocasiones favorables están en su ADN.

Ahora bien, cuando los pensamientos le digan que no va a suceder, solamente regrese y revise su certificado de nacimiento espiritual. Cuando los pensamientos se entrometan: *Jamás cumplirá sus sueños. Nunca se recuperará,* simplemente declare: "No, gracias. Ya revisé mi certificado de nacimiento. El nombre de mi Padre es Dios".

Herederos de Dios

Y si somos hijos, somos herederos; herederos
de Dios y coherederos con Cristo…
ROMANOS 8:17

Usted tiene el ADN espiritual correcto. Cuando sus pensamientos le digan lo contrario, no se desanime. Solo continúe revisando su certificado de nacimiento espiritual. Siga recordándose a sí mismo su verdadera identidad. Continúe declarando esta verdad:

"Yo sé quién soy. Mi certificado de nacimiento espiritual confirma qué hay en mi ADN. Se encuentra en la Palabra de Dios. ¿Se supone que debo vivir una vida promedio, solitaria, con luchas y siempre obteniendo la parte en desventaja? No; en los Salmos dice que Dios me ha rodeado con su favor como un escudo. Afirma que: 'Ningún arma forjada contra mí prosperará'. Su Palabra dice: 'Él cumplirá el número de mis días'. Declara: 'Por mi parte, mi familia y yo serviremos al Señor'. Dice: 'Prestaré y no tomaré prestado. El bien y la misericordia nos seguirán todos los días de mi vida'. Nos están persiguiendo buenas oportunidades".

"Abba, Padre"

"Ustedes ya son hijos. Dios ha enviado a nuestros corazones el Espíritu de su Hijo, que clama: "¡ Abba! ¡Padre!".
GÁLATAS 4:6

Cuando mi sobrino Jackson era un niño pequeño, cada noche a la hora de dormir, después de que su madre, Jennifer, orara con él, ella repasaba una lista de superhéroes, diciéndole a Jackson quién era él. Esa era su manera de hablarle fe, dejándole saber que él iba a hacer grandes cosas. Ella le decía: "Jackson, eres mi Superman, mi Buzz Lightyear, mi Power Ranger", y así sucesivamente. Jackson se quedaba allí acostado, con una gran sonrisa en su rostro, recibiéndolo todo. Cierta noche se hizo muy tarde y ella lo acostó a dormir deprisa. Unos minutos después, escuchó su vocecita llamándola desde su habitación: "¡Mamá! Mamá, se te olvidó decirme quién soy".

Permítame recordarle que usted es hijo del Dios Altísimo.

Su verdadera identidad

Y ustedes no recibieron un espíritu que de nuevo los esclavice…, sino el Espíritu que los adopta como hijos y les permite clamar: "¡Abba! ¡Padre!".

ROMANOS 8:15

A muchas personas nunca se les ha dicho quiénes son. Han tenido voces negativas repitiéndose una y otra vez, diciendo: "No eres talentoso. Nunca te vas a casar. Jamás saldrás de las deudas. Provienes de la familia equivocada". En tanto esas voces sigan repitiéndose, impedirán que cumpla con su propósito.

Quizá nadie le dijo quién es usted. Permítame ayudarle. El Dios Todopoderoso dice: "Usted es un hijo del Dios Altísimo. Usted es fuerte. Es talentoso. Es bien parecido. Es sabio. Es valiente. Tiene semillas de grandeza. Todo lo puede en Cristo. Usted no provino de una cepa ordinaria. Usted es de raza pura. Tiene victoria en su ADN. Está destinado a realizar grandes cosas".

La familia correcta

"Esta apreciada mujer, una hija de Abraham, estuvo esclavizada por Satanás durante dieciocho años. ¿No es justo que sea liberada, aun en el día de descanso?".

LUCAS 13:16 (NTV)

En el Antiguo Testamento, la gente entendía el poder del linaje más que hoy. Dios comenzó el primer pacto con un hombre llamado Abraham. En aquella época, si usted no era judío, no tenía derecho a las bendiciones ni al favor de Dios. Jesús vio a una mujer enferma y dijo en efecto: "Ella proviene de la familia correcta. Es hija de Abraham. Tiene el derecho de ser restaurada". Entonces, fue y la restauró.

En otra ocasión, una mujer gentil le rogó a Jesús que sanara a su hija. Jesús en efecto dijo: "No puedo hacerlo. Provienes de la familia equivocada". No parecía justo, pero así de poderoso era el linaje. No obstante, en este caso, a pesar de su linaje gentil, Jesús se maravilló de la fe de la mujer y sanó a su hija.

Un hijo de Abraham

2 DE MAYO

Y si ustedes pertenecen a Cristo, son la descendencia de Abraham y herederos según la promesa.
GÁLATAS 3:29

Cuando Jesús murió y resucitó, abrió un camino para que toda la gente venga a Él, tanto judíos como gentiles. No vaya por la vida creyendo las mentiras de que usted proviene de la familia equivocada. "Su madre era depresiva. Entonces siempre será depresivo". Usted ha entrado en un nuevo linaje. Si Dios hoy estuviera parado delante de usted, diría: "¿No es justo que sea librado de esta limitación, viendo que es un hijo de Abraham?".

Amigo, usted tiene el derecho de ser bendecido, de ser libre, de ser saludable, de ser feliz y de ser restaurado. Está en su ADN. Su linaje natural quizá tenga algunas cosas negativas, pero el linaje espiritual siempre vencerá a su linaje natural. Lo espiritual es mayor que lo natural.

3 DE MAYO

Guerrero valiente

Entonces el ángel del Señor se le apareció y le dijo: ¡Guerrero valiente, el Señor está contigo!
JUECES 6:12 (NTV)

Los madianitas habían sometido al pueblo de Israel. Cada vez que la cosecha estaba lista, los madianitas iban y destruían la misma. Eran una nación grande y fuerte. Parecía como si finalmente fueran a expulsar a los israelitas. Había un hombre llamado Gedeón quien se estaba ocultando en los campos por temor a los madianitas. Un ángel se le apareció y le dijo: "Guerrero valiente, el Señor está contigo".

Me imagino que Gedeón miró a su alrededor y pensó: *¿A quién le estará hablando? Yo no soy un guerrero valiente.* Gedeón no era un hombre fuerte ni valiente, sino justamente lo opuesto; temeroso e intimidado; no obstante, Dios lo llamó un guerrero valiente. Al igual que Gedeón, quizá se sienta débil, pero Dios lo llama fuerte. Tal vez se sienta intimidado; Dios lo llama valiente. Puede sentirse inadecuado; Dios lo llama capaz.

Vea lo que Dios ve

Contigo desbarataré ejércitos, Y con
mi Dios asaltaré muros.
SALMO 18:29 (RVR 1960)

Como sucedió con Gedeón, es posible que usted piense que es una persona promedio, pero Dios lo llama guerrero valiente. Cuando se levante en la mañana y sobrevengan los pensamientos negativos que le recuerdan lo que usted no es, diciéndole todos sus defectos y debilidades, atrévase a mirarse en el espejo y decir: "Buenos días, guerrero valiente". Permita que estos pensamientos estén latentes a lo largo del día. "Soy fuerte. Soy valiente. Soy quien Dios dice que soy. Puedo hacer lo que Dios dice que puedo hacer". Tiene que recordarse a sí mismo quién es en verdad. Usted es un guerrero valiente.

Dios ve en usted al guerrero valiente. Dios ve el ADN de un campeón. Ahora, hágase un favor. Entre en acuerdo con Dios y comience a verse a sí mismo como ese guerrero valiente.

Como la realeza

El Señor lo encaró y le dijo:
'Ve con la fuerza que tienes, y
salvarás a Israel del poder de
Madián. Yo soy quien te envía.

5

JUECES 6:14

DE MAYO

La respuesta de Gedeón a la promesa del
Señor fue: "Pero, Señor 'objetó Gedeón',
¿cómo voy a salvar a Israel? Mi clan es el más
débil de la tribu de Manasés, y yo soy el más
insignificante de mi familia". ¿Cuán era el problema? Gedeón no sabía quién era. Dios lo acababa de llamar un guerrero valiente.

Si permite que los pensamientos incorrectos
se repitan en su mente, usted puede tener el talento, la oportunidad, la fuerza y el aspecto, pero
pondrá excusas y tratará de zafarse del asunto.
Me encanta el hecho de que Dios no solo lo llama
un guerrero valiente, pero incluso el enemigo lo
ve como el hijo o la hija de un rey (vea Jueces
8:18). Él sabe quién es usted. Ahora, asegúrese de
que usted también lo sepa. Compórtese como un
rey, como una reina, como un guerrero valiente.
Usted proviene de la familia correcta.

En lo que puede convertirse

Luego dijo a Zeba y a Zalmuna: ¿Qué aspecto tenían aquellos hombres que matasteis en Tabor? Y ellos respondieron: Como tú, así eran ellos; cada uno parecía hijo de rey.
JUECES 8:18 (RVR 1960)

Cuando Dios lo llamó a Gedeón un guerrero valiente, hasta ese punto Gedeón no había hecho nada significativo. No había dividido las aguas del mar Rojo ni derrotado a un gigante. Podría entender que Dios lo llamara un guerrero valiente si hubiera hecho algo asombroso. Pero parecía que no había nada especial sobre él, solo un hombre normal e insignificante. Sin embargo, Dios vio algo en Gedeón que otras personas no vieron. Dios vio su potencial.

Más tarde, Gedeón estaba interrogando a sus enemigos y les preguntó: "¿Cómo eran los hombres que ustedes mataron?". Ellos respondieron: "Se parecían a ti, tenían el aspecto de un hijo de rey". Aquí, Gedeón se había sentido como si fuera el más pequeño, inadecuado e incapaz; pero hasta sus enemigos le dijeron que tenía el aspecto de un hijo de rey.

¿Quién lo creó?

Pero Moisés le dijo a Dios: ¿Y quién soy yo para presentarme ante el faraón y sacar de Egipto a los israelitas?
ÉXODO 3:11

Cuando Dios le dijo a Moisés que fuera a hablarle a faraón para decirle que dejara en libertad a su pueblo, lo primero que Moisés dijo fue: "¿Y quién soy yo?" "Estaba diciendo: Dios, soy una persona normal. Faraón es el líder de una nación. No me va a escuchar". Moisés olvidó quién era. No se veía a sí mismo como un hijo del Rey, sino como un inadecuado. Se enfocó en sus debilidades, sus limitaciones. Comenzó a poner excusas. Dijo: "Dios, no puedo ir a hablar con faraón. Soy tartamudo".

Dios le dijo: "Moisés, ¿quién formó tu lengua? ¿Quién hace que el sordo escuche? ¿Quién hace que el ciego recobre la vista?". Dios le estaba diciendo: "Moisés, yo soplé aliento de vida en ti. Puse mi ADN en tu interior. Deja de decirme lo que no eres. Yo digo que eres hijo del Rey". Eso es lo que Dios nos está diciendo hoy a cada uno de nosotros.

Creado para volar

*...pero los que confían en
el renovarán sus fuerzas;
volarán como las águilas...*
ISAÍAS 40:31

DE MAYO
8

Escuché una historia sobre un águila que había sido criada con las gallinas y se comportaba como una de ellas. Sin embargo, un día vio un águila surcando los cielos. Todo a su alrededor le decía: "Solo eres una gallina", pero algo en lo profundo le decía: "Esto no es quién soy. Quizá esté en un gallinero, pero fui creada para volar".

Batiendo sus alas tan rápido como podía, el águila se estrelló en un costado del gallinero. Sus amigas gallinas se rieron y le dijeron. "Viste, eres una gallina". Pero no permitió que ese fracaso ni lo ridículo lo convencieran de dejar de intentarlo. Continuó intentándolo, y un día remontó sobre ese gallinero y comenzó a volar. Con cada aliento declaraba: "Este es quien realmente soy. ¡Sabía que era un águila!".

Usted es un águila

Así, todos nosotros, que con el rostro
descubierto reflejamos como en un espejo
la gloria del Señor, somos transformados
a su semejanza con más y más gloria por
la acción del Señor, que es el Espíritu.
2 CORINTIOS 3:18

Tal vez, como el águila de la lectura de ayer, usted haya estado en un gallinero por mucho tiempo. Quizá está arraigado a su manera de pensar como gallina. Déjeme decirle lo que usted ya sabe. No es una gallina. Usted es un águila. No permita que ese entorno limitado se le pegue. No deje que la manera en que fue criado o lo que alguien le dijo impida que usted conozca quién es realmente.

Revise su certificado de nacimiento. Allí encontrará que ha sido creado a la imagen del Dios Todopoderoso. Él lo ha coronado con favores. Usted tiene sangre real fluyendo por sus venas. No fue creado para ser una persona promedio o mediocre; sino que fue creado para surcar los aires. Ahora, deshágase de la mentalidad de gallina y comience a tener una mentalidad de águila.

10 de mayo

Creado para más

*¿Has visto hombre solícito en su trabajo?
Delante de los reyes estará; No estará
delante de los de baja condición.*
PROVERBIOS 22:29 (RVR 1960)

Conozco a una joven que fue criada en la pobreza, quedó embarazada a la edad de dieciséis años y tuvo que dejar la escuela. Ella había tenido un gran sueño para su vida, pero ahora parecía como si el ciclo de la escasez y la derrota continuaría. Tuvo que depender de la ayuda pública y encontró un empleo en una cafetería escolar, ganando un sueldo mínimo. Sin embargo, algo en lo profundo de su ser le decía: "Fuiste creada para más. Eres un águila".

Decidió regresar a la escuela y obtuvo su certificado de escuela media-superior. Luego, se inscribió en la universidad, y trabajaba durante el día e iba a clases por la noche. Se graduó de la universidad con honores y continuó con sus estudios hasta obtener una maestría. Hoy, ella es subdirectora de la misma escuela en la que solía perforar los billetes de comida. Eso es lo que sucede cuando usted sabe quién realmente es.

Remonte como el águila

"Si se mantienen firmes, se salvarán".
LUCAS 21:19

Tal vez se sienta como aquella joven de la lectura de ayer. Quizá le hayan enseñado a vivir como una gallina, pero debe atreverse a hacer lo que ella hizo. Trace una línea en la arena y diga: "Quizá me encuentre en un entorno limitado, pero no me voy a establecer aquí. Sé quién soy. Soy un águila. Soy un hijo del Rey. Soy un guerrero valiente. Soy de raza pura. Tengo la victoria en mi ADN".

Levántese cada mañana y lea lo que la Palabra de Dios dice sobre usted. Recuérdese a sí mismo quién es usted en Cristo Jesús. Si hace esto, creo y declaro que va a remontarse a nuevas alturas. Se va a levantar sobre cada obstáculo. Va a establecer nuevos niveles para su familia y convertirse en todo lo que Dios lo creó para que sea.

Templo del Espíritu Santo

¿Acaso no saben que su cuerpo es templo del Espíritu Santo, quien está en ustedes y al que han recibido de parte de Dios?
1 CORINTIOS 6:19

Muchas personas van por la vida sintiéndose mal por dentro. No les gusta realmente quiénes son. Piensan: *Si fuera un poco más alto, si tuviera una mejor personalidad, si mi metabolismo fuera un poco más rápido*

Sin embargo, cuando Dios lo creó, hizo un gran esfuerzo por hacerlo exactamente como Él quería. No obtuvo su personalidad por accidente. Su altura, su apariencia, su color de piel o sus talentos no sucedieron por casualidad. Dios lo diseño a propósito para que sea como es. Usted tiene lo necesario para cumplir su propósito. Si necesitara ser diferente en algún sentido, Dios lo habría creado de esa manera. Tiene que estar seguro de que Dios lo creó con un propósito.

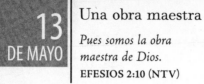

13
DE MAYO

Una obra maestra

Pues somos la obra
maestra de Dios.
EFESIOS 2:10 (NTV)

Ser una obra maestra significa que usted no es ordinario. No salió de una cadena de montaje. No fue producido en masa. Usted es único en su especie. Nadie en este mundo tiene sus huellas digitales. Nunca habrá otro como usted. Si está dispuesto a alcanzar su máximo potencial, tiene que verse como único, como una pieza original, como la misma obra maestra de Dios.

La creación de Dios está llena de escenarios magníficos y cosas que en lo personal pienso que son increíbles: el atardecer sobre el océano azul de aguas cristalinas, las montañas Rocallosas, el vasto sistema solar y la Vía Láctea. Sin embargo, Dios dice que nosotros somos su posesión más preciada, lo que lo hace sentir más orgulloso. Él nos está diciendo: "Cuando te hice, soplé mi misma vida en ti. Te formé a mi propia imagen".

Su especial tesoro

Él te eligió para que fueras su posesión exclusiva entre todos los pueblos de la tierra.

DEUTERONOMIO 7:6

Usted es la posesión más preciada de Dios. No vaya por allí sintiéndose mal sobre sí mismo. Deje de desear ser más alto, o haber tenido una mejor personalidad, o parecerse a alguien más. Usted fue pintado por el más increíble de todos los pintores. Cuando Dios lo creó, retrocedió un paso y selló sobre usted su aprobación.

En alguna parte en usted, hay una etiqueta que dice: "Hecho por el Dios Todopoderoso". Así que enderece sus hombros y levante su cabeza, porque usted es extremadamente valioso. Cuando sobrevengan esos pensamientos para decirle todo lo que usted no es, recuérdese a sí mismo: "Tengo sobre mí las huellas dactilares de Dios: mi aspecto, la manera en que sonrío, mis dones, mi personalidad. Sé que no soy una persona promedio. Soy una obra maestra". Esos son los pensamientos que deberían repetirse en nuestras mentes todo el día.

15 DE MAYO

Una creación admirable

¡Te alabo porque soy una creación admirable! ¡Tus
obras son maravillosas, y esto lo sé muy bien!

SALMO 139:14

La gente quizá trate de hacerlo sentir una
persona promedio. Sus propios pensamientos probablemente traten de convencerlo
de que es ordinario. La vida va a tratar de derribarlo y robarle su sentido de valor. Por eso
es que a lo largo del día necesita recordarse a
sí mismo quién es su Pintor. Cuando descansa
en el hecho de que el Dios Todopoderoso soplo
su vida en usted, lo aprobó, lo equipó y le dio
poder; entonces cualquier pensamiento de baja
autoestima e inferioridad no tiene lugar.

A lo largo del día, en vez de criticarnos, deberíamos pensar: *Soy una creación admirable.*
Soy talentoso. Soy un original. Tengo todo lo
necesario. Lo desafío a que cada día al despertarse diga: "¡Buenos días, persona maravillosa!
Tú fuiste creado de una manera formidable y
maravillosa".

Su Pintor

*Él es la Roca, sus obras son perfectas, y
todos sus caminos son justos.*
DEUTERONOMIO 32:4

Hace algunos años me encontraba en una
casa en donde había muchas pinturas. Algunas de ellas parecían como si hubieran sido
pintadas por un niño: muy abstractas, con pintura arrojada aquí y allá. Cuando mencionaron
que habían pagado más de un millón de dólares
por solo una de esas pinturas, pensé: *¡Vaya! Es
hermoso, ¿no?*

Más tarde supe que era un Picasso original.
Descubrí que no se trata tanto de cómo luzca
la pintura; sino de quién es el pintor. El valor
proviene de su creador. De la misma manera,
nuestro valor no proviene de nuestra apariencia
o de lo que hagamos. Nuestro valor proviene
del hecho de que el Dios Todopoderoso es
nuestro Pintor. Así que no critique lo que Dios
ha pintado. Acéptese. Usted es una creación
admirable.

Esté de acuerdo con Dios

*Tú creaste mis entrañas;
me formaste en el
vientre de mi madre.*
Salmo 139:13

17
DE MAYO

Cuántos de nosotros somos lo suficientemente audaces para decir como David da
a entender en Salmo 139:14: "Soy maravilloso.
Soy una obra maestra". Esos pensamientos
jamás entran en la mente de la mayoría de las
personas. Están demasiado ocupados criticán-
dose, enfocándose en sus defectos, comparán-
dose con otros que creen que son mejores.

Su Pintor, su Creador dice: "Eres asombroso. Eres maravilloso. Eres una obra maestra".
Ahora depende de usted estar de acuerdo
con Dios. La grabación que debería estar so-
nando en su mente todo el día es: "Soy valioso.
Soy una obra maestra. Soy hijo del Dios Altísimo". ¿Podría ser que esto es lo que lo está
reteniendo? Su grabación es negativa. No esté
en su propia contra. Cambie su grabación. Comience a verse a sí mismo como la obra maestra
que Dios lo creó.

La niña
de sus ojos

18
DE MAYO

Cuídame como a la niña
de tus ojos; escóndeme, bajo
la sombra de tus alas.

SALMO 17:8

Leí una historia acerca de un hombre que murió en extrema pobreza. Después del funeral, descubrieron en su ruinoso apartamento una pintura que había sido pintada en los años de 1800 por un artista famoso, y terminaron vendiéndola por más de tres millones de dólares. Aquel hombre vivió toda su vida en pobreza porque no se había dado cuenta de lo que tenía.

De la misma manera, cada uno de nosotros ha sido pintado por el artista más famoso que podría existir. No obstante, si no comprende su valor, al igual que este hombre, aunque tenga todo lo que necesita, aunque esté lleno de potencial, no podrá aprovecharlo. Por eso debe recordarse a sí mismo cada mañana: "No soy una persona promedio. No soy ordinario. Tengo las huellas dactilares de Dios sobre mí. Soy una obra maestra".

Una corona de honor

"De ellos hiciste un reino; los hiciste sacerdotes al servicio de nuestro Dios, y reinarán sobre la tierra".

APOCALIPSIS 5:10

La Escritura habla acerca de cómo Dios nos ha hecho reyes y sacerdotes para Él. Hombres, necesitan comenzar a verse como reyes. Mujeres, comiencen a verse a sí mismas como reinas. Empiece a desenvolverse como la realeza. No con arrogancia, pensando que es mejor que otros, sino con humildad enorgullézcase de la persona que Dios destinó para que sea. Usted no es mejor que nadie, pero tampoco es menos que nadie.

Entienda, su Padre creó todo el universo. Cuando sopló su vida en usted y lo envió al planeta Tierra, no vino como una persona ordinaria ni promedio. Él puso una corona de honor sobre su cabeza. Ahora, comience a pensar como realeza, hablar como realeza, vestir como realeza, caminar como realeza y actuar como realeza.

Sea fuerte y valiente

*Mi mandato es: "¡Sé fuerte
y valiente! No tengas miedo
ni te desanimes, porque el
Señor tu Dios está contigo
dondequiera que vayas".*
JOSUÉ 1:9 (NTV)

20 DE MAYO

Estuve en Inglaterra hace unos años. Estaban celebrando una ceremonia para honrar a la reina. Cuando la reina entró al salón, uno podía sentir la fuerza, la confianza y la dignidad. Saludaba a todos como si fueran sus mejores amigos. Me resultó interesante que había todo tipo de personas importantes de todo el mundo en esa habitación. Pero, y lo digo con todo respeto, la reina no era la persona más hermosa, ni la más adinerada, ni la de mejor condición, ni la más educada de aquel lugar. Sin embargo, por la manera en que la reina se desenvolvía, uno nunca habría sabido.

¿Por qué? Porque sabe quién es. Es la reina. Proviene de una larga línea de realeza. Ha sido grabado en su manera de pensar. *No soy promedio. No soy ordinaria. Soy única.*

21 de mayo

Aprobado por Dios

*Manténganse firmes, ceñidos con el cinturón de
la verdad, protegidos por la coraza de justicia.*

EFESIOS 6:14

Sin lugar a dudas, algunas mañanas cuando
la reina de Inglaterra se despierta, vienen
a sus mentes los mismos pensamientos que
tenemos nosotros. *No eres tan hermosa como
tan talentosa como tan inteligente como Siéntete intimidada. Eres inferior.* La reina deja que
le entre por un oído y le salga por el otro. Ella
debe de pensar: *No importa cómo me compare
con los demás. Soy la reina. Tengo realeza en
mi sangre generaciones de influencia, honor y
prestigio.*

Pero muchas veces pensamos: *No me puedo
sentir bien sobre mí mismo. Tengo esta adicción.
Lucho con el mal genio. He cometido muchos errores en la vida.* Esta es la clave: Su valor no
depende de su desempeño. No tiene que hacer
suficiente bien y luego probablemente Dios lo
apruebe. Dios ya lo aprobó.

Reinará con Él

…si resistimos, también reinaremos con él.
2 TIMOTEO 2:12

Si usted y yo pudiéramos comenzar a vernos como los reyes y reinas que Dios destinó que fuéramos, nunca seríamos intimidados de nuevo. No tiene que ser el más talentoso, el más preparado o el más exitoso para sentirse bien consigo mismo. Cuando entiende que su Padre celestial sopló su vida en usted, se da cuenta de que también usted proviene de una larga línea de realeza.

En lugar de sentirse intimidado, puede hacer como la reina. Simplemente esté tranquilo, sea amable, tenga confianza y sea amigable, sabiendo que usted es único. Damas: quizá no sea la persona más hermosa, pero tenga la confianza de que es una reina. Hombres: tal vez no se sienta el más exitoso, pero párese firme. Usted es un rey. Ha sido coronado no por hombres, sino por el Dios Todopoderoso.

Esté a su favor

Jesús contestó: "'Ama al Señor tu Dios con todo tu corazón, con toda tu alma y con toda tu mente". Este es el primer mandamiento y el más importante. Hay un segundo mandamiento que es igualmente importante: "Ama a tu prójimo como a ti mismo".
MATEO 22:37-39 (NTV)

Jesús dijo que si no se ama a sí mismo de una manera saludable, nunca podrá amar a otros. Esta es la razón por la cual algunas personas no tienen buenas relaciones. Si no se lleva bien consigo mismo, nunca podrá llevarse bien con su prójimo. Todos tenemos debilidades, falencias, cosas que desearíamos fueran diferentes. Sin embargo, Dios no nos diseñó para que vayamos por la vida estando en nuestra contra.

La opinión que tenga sobre usted mismo es la opinión más importante.

Extraordinario

*Que su belleza sea más bien la
incorruptible, la que procede
de lo íntimo del corazón y
consiste en un espíritu suave
y apacible. Ésta sí que tiene
mucho valor delante de Dios.*

1 PEDRO 3:4

Hace unos pocos años conocí a una joven que no tenía mucho de lo que la cultura actual define como belleza natural, pero ella tenía la belleza escondida en su interior. Sabía que había sido formada a la imagen del Dios Todopoderoso y que había sido coronada con su favor. Quizá en apariencia parecía una mujer ordinaria, pero pensaba de manera extraordinaria. Esta joven actuaba como una reina y caminaba como si fuera de la realeza. Sonreía como si fuera Miss América y vestía como si su ropa fuera a estrenar de la tienda Saks Fifth. Todo lo que pude decir fue: "¡Muy bien, así se hace!".

¿Qué la hacía tan especial? Por dentro ella se ve a sí misma como hermosa, fuerte, talentosa y valiosa. Lo que haya en el interior finalmente se verá en el exterior.

25
DE MAYO

Ámese a sí mismo

*Ama a tu prójimo
como a ti mismo.*
GÁLATAS 5:14

La gente lo ve de la manera en que usted se ve a sí mismo. Si se ve como fuerte, talentoso y valioso, del mismo modo, las otras personas lo verán. Ese es el mensaje que está enviando. No obstante, si se ve a sí mismo como inferior, sin talento y sin valor, esa es la manera en que otros lo verán.

Quizá, si cambiara la opinión que tiene sobre usted, si dejara de enfocarse en sus defectos y en todo lo que desearía que fuera diferente, si dejara de compararse con alguien más y comenzara a amarse a sí mismo de manera saludable, estando orgulloso de cómo lo ha creado Dios; entonces, a medida que envíe estos mensajes diferentes, llegarán nuevas oportunidades, nuevas relaciones y nuevos niveles del favor de Dios

No se vea como langosta

"Vimos también a los gigantes, a los descendientes de Anac. Al lado de ellos nos sentíamos como langostas, y así nos miraban ellos también".

NÚMEROS 13:33 (DHH)

Cuando diez de los espías regresaron de la Tierra Prometida, alcanzaron a ver cuán enormes eran sus oponentes. Observe que no dijeron: "Esas personas nos insultaron. Nos llamaron langostas". Entraron con mentalidad de langostas. Dijeron: "Al lado de ellos nos sentíamos como langostas". Eso es lo que transmitieron. Este es el principio que obra: "Y así nos miraban ellos también". En otras palabras: "Nos vieron como nos veíamos a nosotros mismos".

Quizá sienta que no tiene el tamaño, el talento o la educación. Está bien. Todo lo que importa es que el Dios Todopoderoso sopló su vida en usted. Él lo creó con un propósito. Puso dentro de usted semillas de grandeza. Ahora, haga su parte. Comience a verse a sí mismo como la obra maestra que Dios creó.

27 DE MAYO

Muy complacido

Y una voz del cielo decía: "Éste es mi Hijo
amado; estoy muy complacido con él".
MATEO 3:17

Cuando Dios pronunció estas palabras, Jesús aún no había comenzado su ministerio. Nunca le había restaurado la vista a un ciego, nunca había resucitado a un muerto, todavía no había realizado ningún milagro. Su Padre estaba complacido con Él por quién Él era y no por lo que hizo o no hizo.

A menudo nos decimos: "Si leyera más mi Biblia o pudiera vencer esta adicción, me sentiría bien conmigo mismo". Tiene que aprender a aceptarse a sí mismo mientras está en el proceso de cambio. Todos tenemos áreas que necesitamos mejorar, pero si se siente culpable y condenado, no lo motivará a seguir adelante. Hágase un gran favor y deje de escuchar las voces acusadoras. El enemigo sabe que si no se ama a sí mismo, nunca se convertirá en la persona que Dios destinó que sea.

Bueno en gran manera

*Y vio Dios todo lo que había hecho, y he
aquí que era bueno en gran manera.*
GÉNESIS 1:31 (RVR 1960)

En Génesis 1, Dios acababa de crear los cielos, la tierra, el mar, los animales y a Adán y Eva. Cuando terminó, pronunció las palabras "y he aquí que era bueno en gran manera". Cuando Dios lo mira, dice: "Usted es bueno en gran manera".

Posiblemente piense: *No es para mí, tengo estos malos hábitos, estos fracasos.* Salga de esa mentalidad de derrota. Tal vez no sea perfecto, pero Dios no mide su valor en su desempeño. Él mira su corazón. Deje de criticarse a sí mismo. Deje de vivir condenado y atrévase a creer que usted es bueno en gran manera. Nuestra actitud debería ser: *Sí, quizá cometa algunos errores. Tengo algunos defectos y debilidades, pero sé que Dios ya me ha aprobado. Soy bueno en gran manera. Soy su obra maestra.*

Celebrar

*Cada cual examine su
propia conducta; y si tiene
algo de qué presumir, que
no se compare con nadie.
Que cada uno cargue con
su propia responsabilidad.*
GÁLATAS 6:4-5

29
DE MAYO

Conozco a personas que son buenas para
celebrar a otros. Les hacen cumplidos a sus
amigos y se jactan de algún primo. Y eso está
bien. Debemos celebrar a otros, pero asegúrese
de celebrarse también a sí mismo. Sea lo suficientemente valiente para celebrar quién Dios
destinó que sea. Existe algo especial acerca de
usted. No coloque a otros en un pedestal hasta
el punto de pensar: *Ellos son excelentes, y yo me
siento inferior.*

Quizá tengan más belleza natural o más talento en ciertas áreas, pero Dios no dejó a nadie
afuera. Usted tiene algo que ellos no tienen.
Usted es bueno en algo que ellos no. Está bien
celebrarlos y decir: "Miren lo buenos que son",
siempre y cuando luego diga internamente: "¿Y
saben qué? Yo también lo soy".

Su valor

Porque el Señor se complace en su pueblo; a los humildes concede el honor de la victoria.

SALMO 149:4

Escuché una historia sobre un alcalde de un pequeño pueblo quien se encontraba en un desfile, sobre un carro decorado por la calle principal, con su esposa a su lado. Cuando reconoció al exnovio de su esposa en medio de la multitud, quien lideraba la estación de servicio local, le susurró a su esposa: "¿No estás feliz de no haberte casado con Él? Estarías trabajando en una estación de servicio". Ella le respondió con un susurro: "No, si me hubiera casado con él, él sería el alcalde".

Usted tiene que conocer su identidad. Dios le dio vida con su aliento. Tiene realeza en su sangre. Usted es bueno en gran manera. No es una persona ordinaria. Es una obra maestra. Levántese cada mañana y recuérdese a sí mismo quién es su Pintor. Su valor no proviene de quién es usted; sino de a quién le pertenece.

Mientras tanto

*El Señor es mi pastor; tengo
todo lo que necesito.*
SALMO 23:1 (NTV)

Es bueno tener sueños y metas. Siempre debemos expandir nuestra fe. Pero esta es la clave: Mientras estamos esperando que las promesas se cumplan, no debemos estar descontentos donde estamos. Tal vez está esperando tener un bebé, creyendo por una casa nueva o por contraer matrimonio. Eso es excelente, pero no pase los próximos cinco años estando descontento si no ha sucedido. Aprenda a disfrutar de la etapa en la que se encuentra.

Estar infeliz, frustrado y preguntándose si algo alguna vez cambiará no va a hacer que suceda más pronto. Cuando estamos descontentos, deshonramos a Dios. Estamos tan concentrados en aquello que queremos que estamos dando por sentado aquello que tenemos. La actitud correcta es: *Dios, estoy creyendo por esto, pero mientras tanto estoy contento con lo que tengo.*

Aprenda a contentarse

No lo digo porque tenga escasez, pues he aprendido a contentarme, cualquiera que sea mi situación. Sé vivir humildemente, y sé tener abundancia.
Filipenses 4:11-12 (RVR 1960)

1 DE JUNIO

El apóstol Pablo dijo que tuvo que *aprender* a contentarse. No sucede automáticamente. Es una decisión que debemos tomar. Estar contento no significa que no queramos cambiar, que renunciemos a nuestros sueños o que nos conformemos donde estemos. Significa no estar frustrados y luchando con todo; sino confiados en el tiempo de Dios. Sabemos que Él está trabajando detrás de escena, y en el tiempo justo, Él nos llevará a donde se supone que debemos estar.

Algunas situaciones no cambiarán hasta que nosotros cambiemos, tales como cuando estamos frustrados, pensando: *¿Por qué se está tardando tanto? ¿Por qué mi esposo sigue irritándome?* Si Dios nos puso allí, es porque lo necesitamos. Él va a usar nuestra situación para hacer una obra en nosotros.

Elija ser feliz

*...pues Dios es quien produce en ustedes
tanto el querer como el hacer para que
se cumpla su buena voluntad.*

FILIPENSES 2:13

No está bien si vivimos siempre descontentos. "No me gusta mi trabajo. Estoy cansado de este apartamento pequeño. Estos niños me ponen nervioso". Esa actitud lo va a mantener donde está ahora. El plan de Dios para nuestras vidas no se trata solamente de hacernos sentir cómodos, sino de hacernos crecer, madurar, para que pueda soltar más de su favor. Tal vez no le guste su situación actual, pero no estaría allí a menos que Dios tuviera un propósito para ello.

Uno no crece tanto cuando todo resulta como queremos. Usted crece cuando atraviesa circunstancias de presión y, sin embargo, elige ser feliz. Podría fácilmente quejarse, pero en cambio dice: "Señor, gracias por otro gran día". No todos sus sueños se han cumplido, pero disfruta del tiempo en el cual está. Eso es pasar la prueba.

Siempre sea agradecido

*…den gracias a Dios en toda situación, porque
esta es su voluntad para ustedes en Cristo Jesús.*

1 Tesalonicenses 5:18

David pasó años en los campos solitarios
cuidando de las ovejas de su padre. Lo interesante es que ya había sido escogido para ser
el próximo rey de Israel. David pudo haber pensado: *Dios, me prometiste grandes cosas. ¿Qué
estoy haciendo aquí con un montón de ovejas?*

Sin embargo, David sabía que Dios estaba en control, así que solo continuó siendo
lo mejor que podía, yendo a trabajar con una
buena actitud, agradecido por el lugar donde
estaba. Porque aprendió a contentarse en los
campos de pastoreo, llegó al trono. Pero si
usted no se contenta con el tiempo que está viviendo, aunque sus sueños llegaran a cumplirse,
aún no va a estar satisfecho. Este es el problema: El descontento lo seguirá adondequiera
que vaya.

Vea lo bueno

*Sean vuestras costumbres
sin avaricia, contentos
con lo que tenéis ahora;
porque él dijo: "No te
desampararé, ni te dejaré".*
Hebreos 13:5 (RVR 1960)

El descontento se asemeja a un sonido agudo leve proveniente de un teléfono celular: nos sigue a todos lados. Si Dios nos bendice con un ascenso, estamos felices por un rato, pero luego sobreviene es descontento. No queremos trabajar tan duro o no queremos asumir la responsabilidad. No se trata de nuestras circunstancias, sino del espíritu de descontento que hace que nos quejemos de lo que no nos gusta; nunca tenemos suficiente.

Por eso que el apóstol Pablo dijo: "He *aprendido* a contentarme". Tiene que entrenar su mente para ver lo bueno, para agradecer por lo que tiene. La vida le ira mucho mejor si aprende a contentarse en cada tiempo, en la escasez y en la abundancia. Estar contento sin importar si está en mantenimiento o en la gerencia.

Gracia para cada tiempo

Todo tiene su momento oportuno; hay un tiempo para todo lo que se hace bajo el cielo…
ECLESIASTÉS 3:1

Usted tiene la gracia que necesita para disfrutar cada tiempo de su vida. Si sus sueños no se han cumplido aún, es una prueba. ¿Hará lo mismo que hizo David en el campo de las ovejas y florecer en donde esté plantado? ¿Escogerá disfrutar de ese tiempo y no solo soportarlo?, pensando: *Dios, ¿cuándo va a cambiar esto? He estado orando por dos años.* Quizá su circunstancia cambie cuando usted cambie. Tiene que contentarse con el lugar en donde Dios lo tiene en este momento.

Esto no significa que usted se conforme y nunca espere nada mejor. Significa que no tiene que vivir frustrado, siempre deseando algo más.

Encuentre satisfacción

*Nada hay mejor para el
hombre que comer y beber,
y llegar a disfrutar de sus
afanes. He visto que también
esto proviene de Dios...*
ECLESIASTÉS 2:24

Conozco a personas solteras que no estarán
contentas hasta que estén casadas, y conozco a personas casadas que son infelices y de-
searían poder casarse con alguien más. Incluso
si lograra cumplir su lista de deseos, algo más
va a surgir que lo va a poner descontento. Necesita pararse firme y decir: "Es suficiente. Quizá
no todo sea perfecto en mi vida. Tal vez todos
mis sueños no se hayan cumplido todavía, pero
no voy a vivir frustrado ni estresado. Voy a florecer en el lugar en donde estoy plantado".

En otras palabras: "Estaré contento sea que
conduzca un Volkswagen de veinte años o un
Mercedes-Benz nuevo". "Me contentaré ya sea
que viva en un pequeño apartamento o en una
casa soñada". "Estaré contento sin importar si
mi negocio prospera o si va un poco lento".

Hay libertad en el contentamiento

Es cierto que con la verdadera religión se obtienen grandes ganancias, pero sólo si uno está satisfecho con lo que tiene.

1 Timoteo 6:6

No puede permitir que su contentamiento en la vida se base en lo que tiene o deje de tener, a quién le simpatiza o a quién no. Aprenda a contentarse en todo tiempo. La vida es más libre cuando puede decir: "Estoy contento con quién Dios me creó. Estoy contento con mi personalidad, contento con mi apariencia y contento con mis dones. Estoy contento con la etapa en donde estoy en mi vida: mi posición, mi carrera, mis relaciones y mi casa".

Si bien siempre es bueno mejorar, no debería constantemente estar deseando ser alguien diferente. Es una tragedia ir por la vida siempre insatisfecho, deseando haber tenido más, queriendo parecerse a alguien más, esperando ser feliz. Le pido que aprenda a contentarse en el lugar en donde está y con quién Dios destinó que sea.

※

Un corazón de siervo

*Aquí tienes a la sierva del Señor 'contestó
María'. Que él haga conmigo como me
has dicho. Con esto, el ángel la dejó.*

Lucas 1:38

Considere a María, la madre de Jesús.
Cuando estaba embarazada de nueve
meses, tuvo que montar un asno hacia la
ciudad de Belén. No había un hotel ni una sala
de hospital esperándola. Solo envolvían al niño
en pañales, tiras de telas, en vez de un conjunto
de bebé nuevo. María no tenía *jeans* de dise-
ñadores, un bolso elegante o un *latte* de Star-
bucks. Pero nunca se quejó contra José.

María no dijo: "Dios, si voy a tener a este
bebé para ti, por lo menos podrías hacer que
esté más cómoda". Ella estaba contenta en el
tiempo en que estaba, contenta cuando el ángel
le dijo: "¡Te saludo, tú que has recibido el favor
de Dios!", y contenta de montar un asno y dar a
luz en un granero con un montón de animales.
Solo una persona madura sabe contentarse en
la cima de la montaña y contentarse en el valle.

❖

Esta casa antigua

Así que, si tenemos ropa y comida,
contentémonos con eso.

1 Timoteo 6:8

Algunos años después de que Victoria y yo nos casamos, encontramos una propiedad que realmente nos gustaba, la cual tenía una casa antigua y ruinosa con serios problemas de cimientos. Decidimos arreglarla y vivir allí. Los pisos estaban tan curvados que la mayoría de las puertas interiores no cerraban correctamente. Eso no nos importaba. Estábamos felices.

Mi madre venía a visitarnos y decía: "Joel, ¿cómo puedes vivir en esta casa con los pisos torcidos?". Pero he aprendido que Dios nos da la gracia para cada tiempo. Hoy, tenemos una casa linda con pisos nivelados. Pero no creo que estaríamos en donde estamos si no nos hubiéramos contentado con aquella casa antigua. Habría sido fácil quejarse, pero decidimos contentarnos.

Es su vida

*En cuanto a mí, veré tu
rostro en justicia; estaré
satisfecho cuando despierte
a tu semejanza.*
SALMO 17:15 (RVR 1960)

10

DE JUNIO

Un caballero recientemente me contaba acerca de todo lo que estaba mal en su vida y terminó diciéndome: "Joel, simplemente no me gusta mi vida". Este es el problema: es la única vida que tiene. Puede tener miles de razones por las cuales vivir infeliz, pero necesita tomar la decisión de que va a contentarse. Si vive amargado y quejándose, no avanzará. Dios no promueve el descontento. Concéntrese en lo que está bien en su vida y en lo que sí tiene.

Pablo, quien dijo: "He *aprendido* a contentarme", escribió una gran parte del Nuevo Testamento desde una celda. Cuando decide contentarse, las prisiones no lo detendrán, los pisos torcidos no lo detendrán, los asnos no lo detendrán, los solitarios campos de pastoreo no lo detendrán. Dios lo va a llevar al lugar donde debe estar.

Un tiempo de preparación

11
DE JUNIO

No nos cansemos, pues, de hacer bien; porque a su tiempo segaremos, si no desmayamos.
GÁLATAS 6:9 (RVR 1960)

No todas las estaciones son primaveras, con las hermosas flores brotando, la luz del sol resplandeciendo y un clima fresco. Es un gran tiempo, pero tiene que haber una temporada de siembra, una temporada de riego y una temporada de mantenimiento, cuando arranca las hierbas y labra la tierra. Estas son temporadas importantes. Sin pasar por el proceso, no va a entrar en una nueva temporada de cosecha.

En lugar de estar frustrado a causa de las dificultades, tenga una nueva perspectiva. Esa etapa lo está preparando para ser promovido. Puede parecer como si estuviera estancado, pero Dios está obrando, y en el tiempo correcto la temporada cambiará. El invierno siempre abre paso a la primavera. Solo una persona madura puede contentarse no solo en el tiempo de cosecha, sino también en el tiempo de siembra y en el tiempo de "arrancar las hierbas".

Regocíjese hoy

Este es el día que hizo el Señor; nos gozaremos y alegraremos en él.
Salmo 118:24 (NTV)

Quizá se encuentre atravesando esas temporadas difíciles en este momento, criando a un niño pequeño, cuidando a un anciano querido o tal vez lidiando con una enfermedad. Es fácil pensar: *Tan pronto como atraviese este tiempo difícil, recuperaré mi gozo.* No; este es el día que hizo el Señor. Tiene que elegir regocijarse hoy.

Dios le ha dado la gracia que necesita no solamente para resistir esta temporada —eso no requiere ninguna fe— sino también para disfrutar de la misma. Cuando está contento, ve cada día como un regalo, aprecia a las personas en su vida y está agradecido por aquello que Dios le ha dado. No solamente se está desarrollando su carácter, sino que además está pasando la prueba. Usted saldrá del invierno y entrará en su primavera.

Satisfaré con abundancia

"Y el alma del sacerdote satisfaré con abundancia, y mi pueblo será saciado de mi bien", dice Jehová.

JEREMÍAS 31:14 (RVR 1960)

Cuando era chico, éramos cinco niños en la casa. Mis padres no tenían mucho dinero, pero siempre sentí como si fuéramos gente de recursos. Nos divertíamos. La vida era buena. No podíamos darnos el lujo de ir de vacaciones familiares cada año, así que cada par de meses mi padre nos llevaba al aeropuerto para montarnos en el tranvía que iba de la Terminal A a la Terminal B. En ese entonces pensábamos que era genial. En vez de quejarse de que no tenía suficiente, mi padre aprendió a contentarse en cada tiempo.

Cuando algunos de mis amigos de la infancia me decían que iban a ir a Disneylandia, pensaba que querían decir que irían al aeropuerto a subirse en el tranvía. Cuando crecí lo suficiente para darme cuenta de lo que era Disneylandia, ¡necesité sesiones de terapia!

Las cosas sencillas

*...ni pongan su esperanza en las riquezas, que
son tan inseguras, sino en Dios, que nos provee
de todo en abundancia para que lo disfrutemos.*

1 Timoteo 6:17

Cuando nuestro hijo, Jonathan, tenía cinco
años y Alexandra tenía dos, planeamos
unas lindas vacaciones a Disneylandia. Fue un
gran momento, y yo estaba tan emocionado por
mis hijos. Sucedió que no habíamos pasado ni
quince minutos en el parque, cuando Jonathan
dijo: "Papá, quiero regresar al hotel para ir a
nadar". Comencé a decirle una y otra vez: "Podemos ir a nadar en cualquier momento. ¡Ahora
estamos en Disneylandia!". Pero no quiso ceder.
Más tarde pensé: *Debí haber hecho lo que hacía
mi papá y llevarlos al aeropuerto a andar en los
tranvías.*

No necesita unas vacaciones espectaculares
para divertirse. Aprenda a disfrutar las cosas
sencillas de la vida: crear recuerdos con su familia, jugar a las escondidas en la casa y mirar
la puesta del sol con su cónyuge.

Ahora es el tiempo

*él colma de bienes tu vida y te
rejuvenece como a las águilas.*

Salmo 103:5

A menudo, cometemos el error de pensar
que cuando alcancemos cierta meta —terminar la universidad, obtener la promoción,
mudarse a la nueva casa, tener un bebé— entonces, vamos a ser felices. La realidad es que
si no aprende a contentarse donde está ahora,
tampoco estará contento cuando sus sueños se
hagan realidad. Sí, se alegrará cuando alcance
sus objetivos, pero hay desafíos que vendrán
con ellos.

Cuando Dios lo bendice con una casa nueva,
la misma viene con un jardín más grande que
podar, más habitaciones para limpiar, más para
mantener. La promoción significa más responsabilidad. El hermoso bebé significa que a las
tres de la madrugada ese bebé querrá comer.
No ore por mayores bendiciones si se va a
quejar por tener una carga mayor.

Este momento

*"Yo he venido para que
tengan vida, y para que la
tengan en abundancia".*
Juan 10:10 (RVR 1960)

Las instalaciones de nuestra iglesia son un sueño hecho realidad. Dios nos dio más de lo que podíamos pedir o incluso imaginar. Pero con esta maravillosa bendición, vino una sorprendente factura de servicios. La primera vez que la vi, pensé: *Dios, sí que me gustaban nuestras antiguas instalaciones.* La buena noticia es que Dios no nos dará una bendición si no tenemos la gracia para manejar la carga. Nuestra parte es escoger estar contentos.

Tal vez hoy se encuentre en una de las mejores temporadas de su vida, pero no la está disfrutando porque está enfocado en la carga, en lo que le falta, en lo difícil que es. Por estar esperando que las cosas cambien, se está perdiendo de la belleza de este momento, la alegría del hoy. Vea la bendición en lo que tiene ahora mismo. No la pierda por vivir descontento.

Abrace el hoy

Vi a un hombre solitario, sin hijos ni hermanos, y que nunca dejaba de afanarse; ¡jamás le parecían demasiadas sus riquezas! "¿Para quién trabajo tanto, y me abstengo de las cosas buenas?", se preguntó.

ECLESIASTÉS 4:8

Leí una historia sobre un hombre que vivió toda su vida sintiéndose descontento, insatisfecho, molesto de tener que ir a trabajar todos los días. Cuando llegó al cielo, se dio cuenta de que todo el tiempo había estado en el lugar correcto. Al ver su vida desde otra perspectiva, supo que había marcado una diferencia.

¿Podría ser que usted se encuentre en el lugar correcto, en el tiempo correcto, pero no lo está disfrutando? Tal vez, como le sucedió a este hombre, si viera su vida desde otra perspectiva, se daría cuenta de que Dios está guiando sus pasos. Él sabe dónde se encuentra, lo que le gusta y lo que no le gusta. En vez de vivir descontento, abrace el lugar en donde se encuentra. Vea lo bueno.

Deje de compararse

Estén siempre alegres. Nunca dejen de orar. Sean agradecidos en toda circunstancia, pues esta es la voluntad de Dios para ustedes, los que pertenecen a Cristo Jesús.

1 Tesalonicenses 5:16-18 (NTV)

Existe una presión subyacente en nuestra sociedad por ser el número uno. Si no somos el mejor, el líder, el más rápido, el más talentoso, la más hermosa o el más exitoso, se nos enseña que no debemos sentirnos bien con nosotros mismos. Tenemos que trabajar más duro, correr más rápido y mantenernos a la cabeza. Si un vecino se muda a una casa nueva, en lugar de sentirnos inspirados y felices por ellos, pensamos: *Tengo que esforzarme más.* Si un colega obtiene un ascenso, sentimos que nos estamos quedando atrás.

Si no somos cuidadosos, siempre habrá alguien o algo haciéndonos sentir como si no fuéramos a la par. No estamos yendo lo suficientemente lejos. Mientras compare su situación con la de los demás, nunca se va a sentir bien consigo mismo.

Corra su propia carrera

¿No saben que en una carrera todos los corredores compiten, pero sólo uno obtiene el premio? Corran, pues, de tal modo que lo obtengan.

1 Corintios 9:24

No cometa el error de tratar de mantenerse a la par de los demás, preguntándose: *¿Por qué no puedo cantar así? ¿Por qué no puedo ser el gerente? ¿Cuándo voy a alcanzar su nivel?* Si no se contenta con su don, si no está cómodo con la manera en que Dios lo creó, irá por la vida frustrado y con envidia, pensando: *Desearía verme como ella. Me gustaría tener su talento. Quisiera ser dueño de su negocio.* No obstante, si tuviera lo que ellos tienen, no lo ayudaría, lo detendría, porque ellos tienen una misión diferente.

Tiene que darse cuenta de que no está corriendo la carrera de alguien más. Procure correr su propia carrera. Usted tiene una misión específica. Dios le ha dado exactamente lo que necesita para la carrera que ha diseñado para usted.

No se trata de nadie más

*…y corramos con perseverancia la carrera que
tenemos por delante. Fijemos la mirada en Jesús,
el iniciador y perfeccionador de nuestra fe…*

Hebreos 12:1-2

Un amigo, un colega o un pariente pueden
parecer tener un don más significativo que
el de usted. Eso está bien. Usted no está compitiendo con ellos. Ambos tienen lo que necesitan
para su misión. Deje de tratar de competir con
otros y comenzará a sentirse mejor consigo
mismo. No condicione su contentamiento mudándose a un nuevo vecindario, haciendo que
su negocio alcance el de alguien más u obteniendo un ascenso.

Una de las mejores cosas que he aprendido
es a estar cómodo con quién Dios me hizo. No
tengo que desempeñarme mejor que nadie para
sentirme bien conmigo mismo. No tengo que
ganarle a nadie a construir, a correr, a ministrar
o a producir. No se trata de nadie más. Se trata
de convertirme en quien Dios destinó que sea.

Dones diferentes

Tenemos dones diferentes, según la
gracia que se nos ha dado.

ROMANOS 12:6

Estoy completamente a favor de tener objetivos, de crecer y de creer a lo grande, y creo que es importante. Pero tiene que aceptar el don que Dios le ha dado. No debería sentirse inferior si alguien al parecer tiene un don más significativo. Se requiere una persona segura para decir: "Estoy cómodo con quién soy".

Yo escucho a ministros que tienen voces graves y son grandes oradores, y yo me paro delante de mi congregación con mi acento texano. Esto es lo que me ha sido dado. Puedo desarrollarlo, pero mi voz nunca va a sonar como la de James Earl Jones. Siempre va a existir alguien que pueda ministrar mejor, que vaya más lejos o que tenga mayor experiencia. Pero eso no me molesta. Yo sé que tengo los dones que necesito para cumplir mi propósito.

Su talento es importante

Ahora bien, hay diversos dones, pero un mismo Espíritu.

1 CORINTIOS 12:4

22
DE JUNIO

Deje de menospreciar el don que Dios le ha dado. Puede parecer insignificante, pero no tiene que tener un gran don para que Dios lo use en una manera asombrosa. ¿Sabe cuál fue el don de David que lo condujo hasta el trono? No fueron sus habilidades de liderazgo. No fue su personalidad dinámica. Tampoco su capacidad para escribir y componer música.

Fue su don para lanzar piedras con su honda. Era un tirador preciso. Podría haber pensado: *Oh, bien. Grandioso. Soy bueno con la honda. Esto no me va a llevar a ningún sitio. Estoy solo en los campos de pastoreo, sin nadie más. Solo un montón de ovejas.* Pero fue su honda, ese don en apariencia insignificante, que lo facultó para derrotar a Goliat y finalmente colocó a David en el trono.

Ejercite su don

*Ejercita el don que
recibiste mediante profecía,
cuando los ancianos te
impusieron las manos.*

1 Timoteo 4:14

Quizá no sea tan inteligente o tan talentoso como alguien más, pero hay algo que Dios le ha dado que es único, algo que lo impulsará a su destino, algo que causará que deje su marca en esta generación. No crea las mentiras que dicen: "No hay nada especial en ti. No tienes la personalidad correcta o el talento de tu amigo".

Al igual que David, tiene una honda, su don. No se trata tanto sobre lo que tenga; es la unción que Dios pone en ello. Ese don puede que parezca común, pero cuando Dios sopla sobre este, usted derrotará gigantes del doble de su tamaño. Será promovido más allá de su talento. Ira a lugares donde no estaba calificado. No era el siguiente en la fila, pero de pronto una puerta se abrió. De repente, aquel sueño se cumple.

No se requieren títulos

La dádiva del hombre le ensancha el camino y le lleva delante de los grandes.

Proverbios 18:16 (RVR 1960)

A menudo, perseguimos títulos y puestos, creyendo que nos sentiremos bien con nosotros mismos cuando los tengamos. "Cuando llegue a ser gerente de ventas, cuando entre al equipo de animación de la universidad, cuando sea el jefe de los ujieres, el socio principal, el supervisor principal". Eso está bien. Pero no necesita un título para hacer aquello para lo cual ha sido llamado. No espere la aprobación, la confirmación o la validación de las personas. Ejercite su don, y el título vendrá por añadidura.

Si el rey David hubiera esperado un título, no estaríamos hoy hablando sobre él. Cuando salió a enfrentar a Goliat, David no era general, cabo ni sargento. Ni siquiera era recluta. No tenía un título, una placa, un uniforme ni una credencial.

Solo hágalo

Jesús siguió creciendo en sabiduría y estatura, y cada vez más gozaba del favor de Dios y de toda la gente.

LUCAS 2:52

Algunas personas dicen: "Tan pronto como me coronen rey de la oficina, comenzaré a dar mi mejor esfuerzo". No obstante, funciona a la inversa. Debe mostrarles lo que puede hacer, y luego la aprobación, el reconocimiento y la recompensa vendrán.

Cuando David vio a Goliat, podría haber dicho: "Nadie aquí reconoce mis dones, así que no me voy a involucrar". De hecho, la gente le decía que no estaba calificado. Tampoco esto perturbaba a David. Su actitud fue: *No necesito un título o un puesto o su aprobación. Dios me llamó. Él me dio este don, el cual puede parecer insignificante. No estoy aquí para agradarles; sino que estoy aquí para cumplir mi destino.* Salió y venció a Goliat. Algunos años después, le dieron un título: Rey de Israel. Ejercite sus talentos, y los títulos vendrán por añadidura.

26 de junio

Use lo que tiene

*Samuel tomó el cuerno de aceite y ungió al
joven en presencia de sus hermanos. Entonces
el Espíritu del Señor vino con poder sobre
David, y desde ese día estuvo con él.*

1 Samuel 16:13

Mi padre entregó su vida a Cristo cuando
tenía diecisiete años. Sabía que tenía un
llamado a predicar, pero su familia era sumamente pobre, por lo que no podía enfrentar los
costos para ir a la universidad; tampoco tenía
un puesto o un título. Su familia le dijo: "John,
más te vale que te quedes aquí con nosotros y
ayudes a recoger algodón".

Mi padre pudo haber pensado: *Siento este
llamado. Sé que tengo algo para ofrecer si alguien me apoyara.* Pero no esperó a tener un título o que las personas lo validaran. Comenzó
a ministrar en los hogares para ancianos, en
las cárceles y en las esquinas de las calles. Si se
atreve a usar lo que tiene, como hizo mi padre y
como hizo David, Dios soplará en ello. Su unción sobre ese simple don lo llevará a entrar en
la plenitud de su destino.

Verdadera realización

"Aquí hay un muchacho que tiene cinco
panes de cebada y dos pescados, pero
¿qué es esto para tanta gente?".

Juan 6:9

En la Escritura, había un muchacho que tenía una bolsa con su almuerzo: cinco panes y dos pescados. No era mucho. No obstante, cuando miles de personas estaban hambrientas, Jesús tomó su almuerzo, lo multiplicó y alimentó a la multitud. Escuchamos mucho acerca del muchacho quien estuvo dispuesto a entregar su almuerzo, pero todo comenzó cuando su madre se tomó el tiempo para preparar el almuerzo. Usó su don que parecía insignificante: simplemente hacer un almuerzo, y hoy todavía estamos hablando sobre ello.

Ella era un ama de casa criando a un niño, sin ningún título o elogio. Pero los títulos no traen realización. Tratar de impresionar a todos sus amigos hará su vida miserable, pero correr su carrera, comprendiendo su misión, y estar cómodo con quién Dios lo creó es lo que trae la verdadera realización.

Su don es especial

*No obstante, él nos ha dado
a cada uno de nosotros un
don especial mediante la
generosidad de Cristo.*
EFESIOS 4:7 (NTV)

No menosprecie el don que Dios le ha dado. Puede parecer insignificante prepararles el almuerzo a sus hijos, pero no sabe de qué manera Dios puede usar al niño para quien le está haciendo el almuerzo. Quizá esté criando al futuro presidente, a un líder mundial, a un gran científico, a un emprendedor, a un líder empresarial o a un pastor. Tal vez usted no toque al mundo directamente, pero su hijo podría cambiar al mundo. Su misión podría ser ayudar a que su descendencia vaya más lejos.

Su don podría ser tocar un instrumento o cantar. Tal vez su don sea enseñar a los niños. Sea lo suficientemente seguro como para desempeñar el papel que Dios le ha dado.

Comprenda su misión

Hay diversas funciones, pero es un mismo Dios el que hace todas las cosas en todos.

1 Corintios 12:6

¿Está usted lo suficientemente cómodo con no tener que ser el número uno, con no estar al frente, ni tener el título, el puesto, ni seguirles el ritmo a los demás? Ponemos tanto énfasis en llegar a la cima, en ser el líder. Y sí, yo creo en que uno tiene que destacarse y tener dones y sueños grandes; pero también sé que no todos pueden ser el líder. No todos pueden estar a cargo de la compañía. No todos pueden estar en la plataforma. Alguien debe abrir las puertas. Alguien tiene que tocar la música. Alguien tiene que mostrarle a la gente en dónde sentarse y en dónde estacionar.

La belleza de nuestro Dios es que Él nos ha dado a cada uno una misión. Cada uno de nosotros tiene un don y un propósito específicos.

Todos somos importantes

Cada uno ponga al servicio de los demás el don que haya recibido, administrando fielmente la gracia de Dios en sus diversas formas.
1 PEDRO 4:10

¿Quién fue más importante en el milagro de los panes y pescados? ¿El muchacho con el almuerzo o la madre quien lo preparó? Sin la madre, no estaríamos hablando acerca de este milagro. ¿Quién es más importante? Como pastor principal, ¿soy acaso más importante que los que abren el edificio? Sin ellos, no podríamos entrar. ¿O son los que operan las luces, el sistema de audio y las cámaras? ¿O tal vez aquellos que pagan las cuentas durante la semana? ¿O quizá aquellos que han apoyado financieramente el ministerio a través de los años?

Este es el punto: Todos somos igualmente importantes. Sin alguno, nada funcionaría correctamente. Sea lo suficientemente seguro como para desempeñar su papel.

Sea usted mismo

Hay diversas maneras de servir, pero un mismo Señor.
1 Corintios 12:5

Resulta fácil querer lo que los demás tienen o hacer lo que ellos hacen, pero si no es a dónde fuimos llamados, si no es para lo que tenemos talento, vamos a vivir frustrados porque no va a suceder. Y si llegamos allí, nos sentiremos frustrados tratando que mantenernos allí, porque si se promueve a sí mismo y manipula a otros para abrirse paso a un puesto, tendrá que trabajar constantemente para permanecer en esa posición. Pero adonde sea que Dios lo lleve, Él lo mantendrá.

Cuando no está compitiendo, no se está comparando, no trata de ser algo que no es, la vida se vuelve mucho más libre. Se quita de encima toda la presión. Y sí, me doy cuenta de que hay algunos puestos que tienen más peso y más importancia que otros, pero a los ojos de Dios, el ujier es tan importante como el pastor.

2 DE JULIO

Cumpla su misión

*Y el que planta y el que riega son una
misma cosa; aunque cada uno recibirá
su recompensa conforme a su labor.*

1 Corintios 3:8 (RVR 1960)

Dios no lo va a juzgar en función del don de su vecino o el de su hermano o por la manera en que creció dentro de la compañía. Él lo va a juzgar en función de la misión que le ha sido dada. ¿Corrió la carrera? Y no: ¿Te desempeñaste mejor que tu vecino? O ¿Fuiste más exitoso que tu primo? Usted no está compitiendo con ellos, sino que están corriendo una carrera diferente.

La reina Ester fue dotada para salvar a su nación. Aquella madre fue dotada para preparar el almuerzo que sería utilizado para alimentar a miles. Dos misiones diferentes. Dos dones diferentes. Dios no va a decir: "Ester, estoy orgulloso de ti. Hiciste mucho más que la madre del muchacho quien simplemente preparó un pequeño almuerzo". No; todo se va a tratar de si cumplimos o no nuestra misión.

————— ✦ —————

No intercambie lugares

Y todo lo que hagáis, hacedlo de corazón,
como para el Señor y no para los hombres
Colosenses 3:23 (LBLA)

Muchas veces pensamos: *Si tuviera su talento y si pudiera hacer lo que ellos hacen, me sentiría bien conmigo mismo.* Pero la realidad es que si intercambiara lugares, no sería feliz. No se sentiría realizado, porque sus dones, sus talentos, sus habilidades y su personalidad han sido diseñadas exclusivamente para su misión. Puede intentar hacer lo que los demás hacen, pero el problema es que la unción sobre su vida corresponde a sus dones.

Cuando aprende a aceptar sus dones, ya no hay competencias, comparaciones o deseos de lucir diferente o de tener diferentes talentos. Solo dé lo mejor de usted con aquello que tiene y se sentirá realizado y satisfecho. Dios abrirá las puertas. Él lo llevará al lugar donde debe estar.

Quítese la presión

He peleado la buena batalla,
he terminado la carrera, me
he mantenido en la fe.
2 TIMOTEO 4:7

4

DE JULIO

Hace algunos años salí a correr. Había un hombre delante de mí como a un cuarto de milla (cuatrocientos metros), así que decidí alcanzarlo y aceleré mi paso. Usted hubiera pensado que estaba en la vuelta final de los juegos olímpicos. Finalmente, lo sobrepasé y me sentí tan bien de haberle ganado. Por supuesto, ¡él nunca supo que estábamos compitiendo! Y luego me di cuenta de que se me había pasado dar vuelta y tuve que regresar.

Eso es lo que sucede cuando competimos con otras personas, tratando de desempeñarnos mejor que ellas y asegurarnos de que somos más exitosos. Terminamos compitiendo en una carrera en la que nunca se suponía que deberíamos estar. Quítese la presión. No será verdaderamente libre hasta que sepa que no está compitiendo con nadie más.

Únase al baile

…y bailaban, y exclamaban con gran regocijo: "Saúl destruyó a un ejército, ¡pero David aniquiló a diez!".

1 Samuel 18: 6-7

El rey Saúl había estado feliz corriendo su carrera hasta que David comenzó a ser más alabado que él. A partir de ese momento, Saúl nunca más miró a David del mismo modo y esa fue una de las razones por la que terminó perdiendo el trono. ¿Cuál fue su problema? No pudo manejar que alguien fuera mejor que él. Saúl estaba bien siempre y cuando fuera el número uno, pero no podía manejar ser el número dos. Se distrajo y pasó meses y meses tratando de matar a David, todo porque no estaba cómodo con quién era.

Quizá como Saúl usted está en el nivel mil, pero tiene un amigo que está en el nivel diez mil. La verdadera prueba para ver si Dios puede promoverlo es: ¿Puede celebrar a las personas que lo superan? ¿Puede ser feliz por ellas y seguir enfocado en su carrera?

Celébrese a sí mismo

*Prosigo a la meta, al premio
del supremo llamamiento
de Dios en Cristo Jesús.*
FILIPENSES 3:14 (RVR 1960)

Amigo, su carrera se corre con una sola persona: usted. No se distraiga con competir contra un vecino, un amigo o un colega. Solamente corra su carrera. Esta es una frase que me gusta: *No se compare con otros. Celébrese a sí mismo.*

Celebre aquello que ha alcanzado. Muy pocas personas hoy pueden decir: "Me gusta mi vida. Estoy feliz con mis dones. Estoy satisfecho con la persona que Dios me creó". Recuerde: No necesita tener un gran don para que Dios lo use en gran manera. Puede parecer pequeño, pero cuando usa aquello que le fue dado, Dios soplará en ello y hará cosas asombrosas. Usted remontará más alto, sus dones y talentos se verán en su máximo potencial, y usted se convertirá en todo lo que Dios ha destinado que sea.

Bajo sus pies

Pues Dios "ha sometido todo a su dominio".
1 Corintios 15:27

La manera en que vemos nuestras dificultades a menudo determina si saldremos de ellas. Cuando enfrentamos desafíos y adversidades, es fácil sentirse abrumados y comenzar a pensar: *Esto nunca va a funcionar. Voy a tener que aprender a vivir con ello.* Este tipo de pensamientos no solo lo abate; sino que detiene el obrar de Dios. Va a atraer el temor, la preocupación y la incertidumbre. Muchas personas terminan conformándose con la mediocridad.

Usted tiene que cambiar su perspectiva. Si va a vivir en victoria, tiene que ver cada enfermedad, cada obstáculo y cada tentación bajo su dominio. No son rivales para usted. No van a impedir que alcance su destino. Ya han sido derrotadas. Es solo una cuestión de tiempo antes de que pueda superarlas.

Peldaños

"Lo hiciste un poco menor que los ángeles,
y lo coronaste de gloria y de honra;
¡todo lo sometiste a su dominio!".
HEBREOS 2:7-8

Si ve los desafíos de la vida como demasiado grandes, provocará que se sienta débil, desanimado e intimidado. Debe sacudirse las mentiras que le dicen: "Su problema es demasiado grande. Ha sido de esta manera por mucho tiempo. Nunca va a cambiar". Todos esos desafíos han sido sometidos a su dominio. Va a obtener la victoria. Es solo una cuestión de tiempo antes de que se abra paso a un nuevo nivel.

Este es un nuevo día. Dios le está diciendo: "Cada enemigo, cada enfermedad, cada obstáculo; no lo van a derrotar, van a promoverlo". La dificultad tenía el propósito de ser una piedra de tropiezo para mantenerlo derribado. Pero Dios va a usarla como un peldaño para llevarlo más alto. Mantenga la perspectiva correcta. Todo fue sometido a su dominio.

Mire triunfante

*En su amor inagotable, mi Dios estará a mi lado
y me dejará mirar triunfante a todos mis enemigos.*

SALMO 59:10 (NTV)

David enfrentó todo tipo de enemigos y miró triunfante a todos ellos. Observe que David no dijo: *"algunos* de mis enemigos"; sino "a *todos* mis enemigos".

Quizá se encuentre atravesando por una enfermedad o una dificultad financiera que no se siente como si estuviera sometida a su dominio. Pero andamos por fe y no por vista. En lo natural, puede parecer enorme, pero cuando le hable a esos obstáculos por fe, como hizo David, necesita mirar hacia abajo. Cuando hable con Dios, debe mirar hacia arriba para pedir ayuda. Pero cuando le hable a la enfermedad o al temor o a la depresión, mire hacia abajo. Está bajo sus pies. He escuchado decir: "Si le quiere decir algo al enemigo, escríbalo en la suela de su zapato, porque él está bajo sus pies".

No es rival para usted

*Y en unión con Cristo
Jesús, Dios nos resucitó y
nos hizo sentar con él en
las regiones celestiales...*
Efesios 2:6

El día previo a una pelea de box, los dos luchadores salen a dar una conferencia de prensa y se paran frente a frente con sus caras a solo unas pulgadas de distancia. Se miran el uno al otro a los ojos y solo se paran allí y se miran fijamente, intentando intimidar a su oponente. Están diciendo: "Soy más grande, más fuerte, más rudo, más malo. ¡No me vas a derrotar!".

Cuando usted enfrenta una enfermedad, un mal hábito o una situación injusta, no se para frente a frente para mirar a su enemigo a los ojos. Ese enemigo no está a su nivel. Puede parecer muy rudo como para que pueda vencerlo. Pero la verdad es que no es rival para usted. Para mirar a ese enemigo a los ojos, debe mirar debajo de sus pies. El enemigo tiene poder limitado; pero Dios tiene todo el poder.

Autoridad para
pisotear

*Sí, les he dado autoridad a
ustedes para pisotear serpientes
y escorpiones y vencer todo
el poder del enemigo; nada
les podrá hacer daño.*

LUCAS 10:19

Si Dios está con usted, ¿quién se atreve a estar en su contra? Deje de decirse: "Siempre voy a batallar en esta área. Nunca voy a poder adelgazar. Nunca saldré de las deudas". Cambie su perspectiva. Usted no es débil, derrotado o inferior; sino que está lleno del poder "yo sí puedo". El mismo Espíritu que resucitó a Jesús de la muerte vive en usted. Mayor es el que está con usted que el que viene en su contra. Usted es más que vencedor.

Ahora, comience a someter estas cosas a su dominio. Considere la palabra *pisotear*. Otra traducción dice "hollar". Si ve estos obstáculos debajo de sus pies, como ya derrotados, un nuevo valor se levantará en usted. Su fe activará el poder de Dios en una nueva manera.

Pelee la buena batalla

*Pelea la buena batalla de la
fe; haz tuya la vida eterna,
a la que fuiste llamado…*
1 Timoteo 6:12

Conozco a una mujer de treinta años a quien
le diagnosticaron cáncer. Se sorprendió de
tal manera que su personalidad cambió. Se
volvió muy depresiva. En todo lo que podía
pensar era en cómo posiblemente no sobreviviría. En una ocasión le dije: "Tienes que comenzar a ver al cáncer desde otra perspectiva.
En lo natural, puede parecer un desafío enorme,
pero cambia a tus ojos de la fe. Tú y Dios son
mayoría. Nunca tuvo el propósito de ser una
piedra de tropiezo; sino un peldaño".

Ella cambió su perspectiva. Recuperó su
fuego y su pasión. Comenzó a pelear la buena
batalla de la fe. Hoy ya tiene cuatro años de
haber sido libre del cáncer, y está muy feliz.
Pero si no hubiera sometido ese obstáculo a su
dominio, no creo que hubiera resultado de esa
manera.

El gozo es su fortaleza

*"No estén tristes, pues el gozo
del Señor es nuestra fortaleza".*
NEHEMÍAS 8:10

Cuando David enfrentó al gigante Goliat, lo primero que dijo David fue: "Yo te venceré, y te cortaré la cabeza, y daré hoy los cuerpos de los filisteos a las aves del cielo". Ese es uno de aquellos enemigos a los que David miró hacia abajo, como si estuviera debajo de sus pies. Por la fe, vio a un gigante como pequeño.

Si permitimos que la vida nos abrume con la preocupación y el estrés, no solo nos afecta mentalmente; sino también físicamente. Debilita nuestro sistema inmunológico. La Escritura dice que el gozo es una emoción, y aun así crea fuerza. Cuando se encuentre atravesando momentos difíciles, tiene que sacudirse la preocupación, sacudirse la autocompasión, sacudirse la decepción. Recupere su gozo. Ese enemigo, esa enfermedad, ese obstáculo está bajo sus pies. No lo va a derrotar. Lo va a promover.

14 DE JULIO

Armado para la batalla

"Me has armado de fuerza para la batalla; has sometido a mis enemigos debajo de mis pies".
2 Samuel 22:40 (NTV)

Dios conoce cada tentación y cada obstáculo que le tocará enfrentar. No solo lo ha puesto debajo de sus pies, sino que lo ha armado con fuerza para la batalla. La fuerza más grande del universo está soplando en su dirección. Conéctese con ese poder. Comience a declarar: "Soy capaz. Todo lo puedo en Cristo. Soy fuerte en el Señor". Cuando hace eso, se está fortaleciendo y ganando energía.

Todos hemos visto los carteles en la oficina de correo que dice: "Los 10 más buscados". Debajo de sus fotografías dice: "Se encuentra armado y es peligroso". Si el enemigo tuviera una oficina de correo, la fotografía de usted estaría allí. El Dios Altísimo ha infundido su poder en usted. Tiene que comenzar a verse a sí mismo como alguien armado y peligroso.

❉

Enciéndase

Póngase toda la armadura de Dios para que
puedan hacer frente a las artimañas del diablo.

EFESIOS 6:11

Cuando nos levantamos de la cama por la mañana, lo primero que deberíamos hacer es encendernos. Poner nuestra mente en marcha en la dirección correcta. Recuérdese a sí mismo: "Estoy listo para este día. Estoy equipado. Estoy vestido de poder. Tengo puesta mi armadura. Tengo mi calzado de la paz. No me voy a molestar. No voy a permitir que la gente robe mi gozo. No voy a pelear batallas que no estén entre mí y mi destino. Tengo mi casco de la salvación. Sé que soy perdonado. Soy redimido. Tengo la aprobación del Dios Todopoderoso. He sido escogido por el Creador del universo. Tengo mi escudo de la fe".

¿Qué estamos haciendo? Encendiéndonos, preparándonos para un día bendecido, victorioso y lleno de fe.

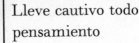

Lleve cautivo todo pensamiento

Destruimos argumentos y toda altivez que se levanta contra el conocimiento de Dios, y llevamos cautivo todo pensamiento para que se someta a Cristo.
2 Corintios 10:5

16
DE JULIO

Quizá se encuentre enfrentando circunstancias que fácilmente podrían robarle su gozo: un desafío en una relación, un hijo en rebeldía o una situación injusta en el trabajo. Podría estar viviendo estresado, tensionado o sin poder dormir por las noches. Deje de decirse a sí mismo: "Esto es demasiado. No puedo manejarlo".

A lo largo del día, especialmente cuando se sienta tentado a preocuparse, necesita recordarse: "Esto está bajo mis pies. Dios está en control. Esto no me va a alejar de mi destino. Estoy esperando cosas grandes. Estoy esperando tener un año asombroso. Tengo la espada del Espíritu; declaro la Palabra de Dios. Sé que cada enemigo está debajo de mis pies. He sido armado de fuerza para esta batalla". Regrese a ese lugar de paz.

Ponga sus pies en alto

17 DE JULIO

Así dijo el SEÑOR a mi Señor: "Siéntate a mi derecha hasta que ponga a tus enemigos por estrado de tus pies".

SALMO 110:1

¿Qué hace usted con un estrado? Pone sus pies sobre él y descansa. Cuando enfrentamos dificultades, solemos tomar el asunto en nuestras propias manos. Nos exaltamos pensando: *Me hicieron mal. Me las van a pagar.* O nuestro informe médico no es bueno. No podemos conciliar el sueño. Nos volvemos tan tensos.

Pero si usted quiere que Dios ponga a sus enemigos por estrado de sus pies, tiene que quedarse quieto y conocer que Él es Dios. Cuando vive molesto y trata de forzar que las cosas sucedan, Dios lo va a dejar que lo haga usted solo. Se requiere fe para decir: "Dios, sé que estás peleando mis batallas. Prometiste que todas las cosas ayudarían para bien. Así que voy a mantener mi gozo y permanecer en paz".

Permanezca en paz

"Pero ustedes no tendrán que intervenir en esta batalla. Simplemente, quédense quietos en sus puestos, para que vean la salvación que el Seños les dará".

2 Crónicas 20:17

Ayer vimos que Dios tomará aquellas cosas que parecerían estar por encima de usted, y Él las pondrá por estrado de sus pies. Cuando algo es un estrado, se podría decir que le sirve. Le hace la vida más fácil. Esa es la manera de ser de Dios. Cuando permanezca en paz, Dios tomará lo que había sido pensado para su mal y lo dispondrá a su favor.

Quizá en su trabajo alguien no lo esté tratando bien. Le están haciendo política, no le están dando el reconocimiento que merece. No se moleste. Solo siga dando lo mejor de usted cada día. Continúe siendo positivo. Su trabajo no es enderezar a las personas. Su trabajo es permanecer en paz. Cuando tiene paz, Dios está peleando sus batallas. Cuando descansa en Él, Dios pondrá a sus enemigos por estrado de sus pies.

Su vindicador

Entonces sus hermanos llegaron, y se arrojaron al suelo delante de José y dijeron: "Mira, ¡somos tus esclavos!".
GÉNESIS 50:18 (NTV)

José fue vendido como esclavo por sus hermanos, luego fue acusado falsamente por la esposa de Potifar y enviado a prisión por algo que no cometió. José no trató de vengarse ni guardó rencor; sino que permaneció en paz, y Dios tornó las cosas a su favor. Las personas que le hicieron mal a José, terminaron trabajando para él. Sus hermanos regresaron y se inclinaron delante de él. Como se mantuvo en paz, Dios puso a sus enemigos por estrado de sus pies.

Dios puede vindicarlo mejor de lo que usted podría hacerlo. Si permite que Dios lo haga a su manera, será más grande, más dulce, más gratificante y más honroso. Dios puede tomar a las mismas personas que están tratando de derribarlo, a las personas que están tratando de hacerlo ver mal, y las puede usar para promoverlo.

Permita que Dios lo haga

*Así que Amán...vistió a Mardoqueo y lo
llevó a caballo por las calles de la ciudad,
proclamando a su paso: "¡Así se trata al
hombre a quien el rey desea honrar!".*

ESTER 6:11

En la Escritura, Amán trató de derribar a
Mardoqueo, quien era primo de Ester. Le
faltaba el respeto a Mardoqueo y trataba de hacerlo ver mal. Pero un día el rey le pidió a Amán
que tomara el manto real, se lo pusiera a Mardoqueo y que anunciara a todos en las calles qué
gran hombre era Mardoqueo. El rey específicamente escogió a Amán para honrar a Mardoqueo,
el mismo que lo estaba tratando de hacer ver mal.

Eso es lo que sucede cuando permite que
Dios lo haga a su manera. No se preocupe por
ese jefe en la oficina que no le está dando crédito
por su trabajo. Usted no trabaja para la gente;
sino que trabaja como para Dios. Quizá en lugar
de que usted trabaje para ese jefe, un día él podría llegar a trabajar para usted. Permanezca en
paz. Dios puede poner a sus enemigos por estrado de sus pies.

Dios no se olvida

Ciertamente el Señor juzgará a su pueblo,
y de sus siervos tendrá compasión.

SALMO 135:14

Tengo un amigo que siempre da lo mejor de sí en el trabajo, pero por alguna razón no le simpatiza al dueño de la empresa. A pesar de que no se amargó ni trató de demostrarles a todos quién era, finalmente, su jefe lo despidió. A raíz de esto, mi amigo comenzó su propia compañía de bienes raíces y se volvió extremadamente exitoso.

Varios años después, su exjefe estaba haciendo un recorte en la empresa y quería mudarse a un edificio que pertenecía a este joven. Cuando se dio cuenta de que mi amigo era el propietario y que tendría que negociar con él, casi se desmaya. Hoy aquel exjefe le paga la renta a este joven a quien una vez despidió. Esta es la justicia de Dios. Él no se olvida de aquello que le corresponde. Dios se va a asegurar de que reciba exactamente lo que se merece.

22 DE JULIO

La cena está servida

*Dispones ante mí un banquete
en presencia de mis enemigos.*
SALMO 23:5

Mantenga su paz. Dios cuida su retaguardia. Dios no solamente lo retribuirá,
sino que también lo bendecirá frente a sus enemigos. Dios podría promoverlo adonde sea,
pero Él le dará honor, reconocimiento y favor
enfrente de las personas que trataron de derribarlo. Un día ellos lo verán recibiendo el reconocimiento que usted se merece.

Cuando esa persona que habla mentiras
sobre usted trata de evitar que usted llegue
más lejos, imagine que Dios acaba de encender
el horno. Él está preparando su cena. Usted no
será el único invitado. Esas personas que trataron de aplastarlo, lo verán ser promovido.
Aquellos que dijeron que usted no tenía lo necesario, lo verán cumplir sus sueños. Manténgase en paz. ¡Dios lo tiene cubierto!

Una posición de poder

*Muy pronto el Dios de paz
aplastará a Satanás bajo
los pies de ustedes. Que
la gracia de nuestro Señor
Jesús sea con ustedes.*

ROMANOS 16:20

Todo aquello que se levanta en nuestra contra para tratar de molestarnos —gente que habla mal, dice chismes, esparce rumores, no le muestra respeto— son distracciones. Es el enemigo que intenta desviarnos de nuestro curso, molestarnos y hacernos perder valioso tiempo y energía en algo que realmente no importa. Esa no es la batalla que debemos pelear. No le dé un solo minuto de su atención, y Dios lo pondrá bajo sus pies.

Cuando se sienta tentado a preocuparse o a molestarse, solo imagínese a usted mismo recostado en un sillón grande y cómodo, con sus pies en alto y descansándolos por encima de ese problema. Está diciendo: "Dios, eso está bajo mis pies. Sé que tú estás en control".

24

Favor inusual

*Sometió a nuestro dominio
las naciones; puso a los
pueblos bajo nuestros pies.*
Salmo 47:3

Conozco a un hombre estadounidense quien estaba tratando de conseguirle a su esposa europea una visa para vivir en los Estados Unidos. El funcionario que trabajaba en la oficina de gobierno fue sumamente grosero con él, no quería de ninguna manera ayudarlo y le dijo que tardaría por lo menos *cinco años* porque estaban completamente saturados. Este hombre se frustró mucho, pero mantuvo su calma y se recordó a sí mismo que por fe eso estaba bajo sus pies.

Varias semanas después, recibió una llamada de aquel funcionario. ¡La visa estaba lista! El hombre preguntó: "¿Qué no me dijo que tardaría cinco años?". El funcionario le respondió: "En teoría, pero desde que lo conocí, no puedo quitármelo de la mente: mañana, tarde y noche. ¡Tome la visa y márchese!". Amigo, Dios sabe cómo poner a sus enemigos por estrado de sus pies.

No prosperará

"…ningún arma que te ataque triunfará. Silenciarás cuanta voz se levante para acusarte".

Isaías 54:17 (NTV)

Isaías no nos dice que no tendremos dificultades. Esa no es la realidad. Los desafíos vendrán. La gente quizá hable. Puede que reciba un informe médico negativo. Un miembro de la familia podría desviarse del camino. Pero Dios estaba diciendo que el problema podría aparecer, pero usted puede guardar su paz, sabiendo que no prosperará en su contra. A causa de que usted es su hijo, porque habita al abrigo del Altísimo, Dios ha puesto un vallado de protección, misericordia y favor a su alrededor, el cual el enemigo no puede cruzar. Ni siquiera todas las fuerzas de oscuridad pueden separarlo de su destino.

Cuando enfrente estos desafíos y se sienta tentado a preocuparse, dígase a sí mismo: "Este problema quizá ya se formó, pero el Dios Todopoderoso ha prometido que no va a prosperar".

26 DE JULIO

La última palabra

"Tracen su estrategia, pero será desbaratada;
propongan su plan, pero no se realizará,
porque Dios está con nosotros".

Isaías 8:10

Leí acerca de los investigadores que estaban estudiando la enfermedad de Alzheimer. Estudiaron el cerebro de la gente anciana que había muerto, tanto de los que habían padecido la enfermedad como de los que no. Descubrieron que muchas personas que tenían lesiones en sus cerebros que los calificaba técnicamente como portadores de la enfermedad de Alzheimer, nunca habían mostrado ningún signo de la misma cuando estaban vivos. Su razonamiento era bueno. Su memoria aguda. Científicamente tuvieron Alzheimer, pero los síntomas nunca se manifestaron.

Solo porque el problema se haya formado no significa que prosperará. Quizá haya cosas que nos ataquen a causa de la genética o que nos han sido heredadas. La buena noticia es que Dios tiene la última palabra. Dios puede invalidarlo, así que mantenga su fe.

Un futuro y una esperanza

*Porque yo sé los pensamientos que tengo acerca
de vosotros, dice Jehová, pensamientos de paz,
y no de mal, para daros el fin que esperáis.*
JEREMÍAS 29:11 (RVR 1960)

Cuando nuestro amigo Ramiro nació sin oídos, los doctores les dijeron a sus padres: "Nunca va a poder escuchar ni hablar". Pero Ramiro tiene padres que creen que ningún arma forjada contra nosotros prosperará. Oraron. Creyeron. Declararon el favor de Dios.

Cuando Ramiro tenía solo algunos meses de vida, los doctores descubrieron que tenía el inicio muy pequeño de un tímpano. Estos doctores increíblemente dotados realizaron una cirugía, crearon orejas nuevas y ayudaron a corregir el problema. Hoy, Ramiro no solo puede escuchar y hablar, sino que también canta. Ayuda a dirigir la alabanza para nuestros jóvenes. Quizá lo haya escuchado en *American Idol* cantando "Sublime gracia" enfrente de millones de personas. El problema quizá haya sido forjado, pero no prosperará.

Protegido
por la fe

*...pero los que vivimos en la
luz estemos lúcidos, protegidos
por la armadura de la fe y el
amor, y usemos, por casco, la
confianza de nuestra salvación.*
1 Tesalonicenses 5:8 (NTV)

28
DE JULIO

Quizá necesite comenzar a poner cosas bajo
sus pies. Si está permitiendo que ese problema le preocupe y le quite el sueño, Dios le
está diciendo: "Yo pelearé tus batallas, pero me
las tienes que dar". Regresa a ese remanso de paz.
No permita que las personas o las circunstancias lo aflijan. Si alguien no lo está tratando bien,
Dios sabe cómo tornar su situación para bien.

Recuerde, cuando le hable a esa enfermedad,
ese obstáculo o esa depresión, como un acto de
fe, haga lo que hizo David y mire hacia abajo.
Si puede ver esos obstáculos como estando debajo de sus pies, Dios promete que pondrá a sus
enemigos por estrado de sus pies. En vez de ser
una piedra de tropiezo, será un peldaño. Usted
derrotará cada enemigo y se convertirá en todo
lo que Dios diseñó que fuera.

Hasta rebosar

*Has ungido con perfume
mi cabeza; has llenado
mi copa a rebosar.*
SALMO 23:5

El propósito de Dios para su vida es que sea bendecido de tal manera que pueda ser una bendición para otros. David dijo que Dios es un Dios de sobreabundancia. Pero esta es la clave: No puede ir por allí teniendo pensamientos de escasez, de insuficiencia, de lucha; sino espere tener abundancia. Si ha estado bajo presión por mucho tiempo y tiene dificultades para suplir sus necesidades, es fácil desarrollar una mentalidad limitada. *Nunca tendré suficiente para enviar a mis hijos a la universidad.* Quizá esa sea su situación actual, pero no es donde tiene que quedarse.

Dios es llamado El Shaddai, el Dios de más que suficiente. No el Dios de apenas suficiente o el Dios de simplemente ayúdame a sobrevivir. Él es el Dios que hace rebosar su copa. El Dios de abundancia.

El deleite de Dios

Pero lancen voces de alegría y regocijo los que apoyan mi causa, y digan siempre: "Exaltado sea el Señor, quien se deleita en el bienestar de su siervo".

SALMO 35:27 (RVR 1960)

30 DE JULIO

Se suponía que el pueblo de Dios debía constantemente decir: "Dios se deleita en mi bienestar". Era para ayudarlos a desarrollar una mentalidad de abundancia. Su vida va en dirección hacia lo que constantemente está pensando. Si siempre tiene pensamientos de escasez, insuficiencia y lucha, está avanzando hacia las cosas equivocadas. A lo largo del día, medite sobre estos pensamientos: rebose, abundancia, Dios se complace en prosperarme.

No se atreva a quedarse en la escasez y en la carencia. Ese puede ser el lugar en donde se encuentre ahora, pero no es quién usted es. Es su paradero; no su destino. Usted es hijo del Dios Altísimo. Sin importar cómo se vea su situación, tenga esta mentalidad de abundancia.

Más que suficiente

"Poseerán la tierra que pertenció a esas naciones, tierra donde abundan la leche y la miel".

Levítico 20:24

31 DE JULIO

En la Escritura, los israelitas habían estado en esclavitud por muchos años. Esa era la tierra de Apenas Suficiente. Solo estaban resistiendo, sobreviviendo, apenas pasándola. Cierto día, Dios los sacó de la esclavitud y los llevó al desierto. Esa era la tierra de Justo lo Suficiente. Sus necesidades eran suplidas, pero nada adicional. Pero esta no era la idea de abundancia de Dios.

Finalmente, Dios los llevó a la Tierra Prometida. Esa era la tierra de Más que Suficiente. Los alimentos y las provisiones eran abundantes. Los racimos de uvas eran tan grandes que tenían que ser cargados entre dos hombres. Es llamada "la tierra donde fluyen leche y miel". *Fluir* significa sin cesar. Nunca se agotaba. Seguían teniendo abundancia. Allí es donde Dios lo está llevando.

1 de agosto

Un lugar de abundancia

*"Fíjense en las aves del cielo: no siembran
ni cosechan ni almacenan en graneros; sin
embargo, el Padre celestial las alimenta".*

MATEO 6:26

Quizá usted se encuentre en la tierra de
Apenas Suficiente en este momento. En ese
tiempo en el que no sabe cómo va a poder arre-
glárselas la próxima semana. No se preocupe.
Dios no se ha olvidado de usted. Dios viste a
los lirios del campo. Él alimenta a las aves del
cielo. También cuidará de usted.

O tal vez se encuentre en la tierra de Justo
lo Suficiente. No le falta nada. Está agradecido, pero no tiene nada adicional. Dios está
diciendo: "No te formé para que vivas en la
tierra de Apenas Suficiente o Justo lo Suficiente". Esas son temporadas. No son permanentes. No clave sus estacas allí; solo está de
paso. Dios tiene una Tierra Prometida para
usted. Tiene un lugar de abundancia, de más
que suficiente, donde fluye provisión, no solamente una vez, sino que usted continuamente
tendrá en abundancia.

Todo lo que necesite

*Así que mi Dios les proveerá de todo lo
que necesiten, conforme a las gloriosas
riquezas que tiene en Cristo Jesús.*

Filipenses 4:19

A menudo, miramos nuestras circunstancias
y pensamos: *Nunca voy a salir adelante.
El negocio no avanza;* o *Estoy en los proyectos.
Nunca voy a salir.* Pero no es conforme a lo que
usted tiene; es conforme a lo que Dios tiene.
La buena noticia es que Dios es dueño de todo.
Un toque del favor de Dios puede sacarlo de
Apenas Suficiente y colocarlo en Más que Suficiente. Dios tiene maneras de bendecirlo abundantemente más allá de su ingreso normal, más
allá de su salario y más allá de lo predecible.

Deje de decirse a sí mismo: "Esto es todo
lo que podré tener. Mi abuelo terminó en la
quiebra. Mi mamá y mi papá no tenían nada".
Deje esos pensamientos atrás y tenga una mentalidad de abundancia. "No me voy a quedar
aquí. Soy bendecido. Soy próspero. Avanzo
hacia la abundancia, hacia la tierra de Más que
Suficiente".

Pasos de fe

Lo que ganes con tus manos,
eso comerás; gozarás de
dicha y prosperidad.
Salmo 128:2

Recibí una carta de una pareja joven. Ambos se habían criado en familias de bajos recursos que habían aceptado la escasez, la lucha y el no poder avanzar; pero no esta pareja. Ellos tenían una mentalidad de abundancia y dieron un paso de fe. Con ingresos bastante promedio, decidieron construir su propia casa, sin pedir un préstamo. Cada vez que tenían fondos extras, compraban materiales y contrataban a los constructores. Un par de años después, se mudaron a una hermosa casa situada en un lindo vecindario, libres de deudas. Fue como si Dios hubiera multiplicado sus fondos. No hace mucho tiempo vendieron esa casa por el doble de su valor.

La mujer escribió: "Mis padres siempre me dijeron que si teníamos frijoles y arroz era suficiente. Pero siempre supe que algún día yo tendría carne".

¡Inténtelo!

"Les abriré las ventanas de los cielos. ¡Derramaré una bendición tan grande que no tendrán suficiente espacio para guardarla! ¡Inténtenlo! ¡Pónganme a prueba!
MALAQUÍAS 3:10 (NTV)

Si va a convertirse en todo lo que Dios dispuso que sea, tiene que decirse a sí mismo que no se va a conformar con frijoles y arroz. No va a quedar estancado en la tierra de Apenas Suficiente ni en la tierra de Justo lo Suficiente, sino que va a seguir orando, creyendo, esperando, soñando, trabajando y siendo fiel hasta recorrer todo el camino hasta la tierra de Más que Suficiente. Ahora bien, no hay nada de malo con tener arroz y frijoles. No tiene nada malo sobrevivir. Pero Dios quiere llevarlo más lejos. Dios quiere que usted establezca un nuevo nivel de vida para su familia. Él es el Dios de la abundancia, el Dios de más que suficiente.

Dios quiere que rebose con su bondad. Él tiene maneras de bendecirlo con las que nunca ha soñado.

El becerro gordo

*"Y traed el becerro gordo
y matadlo, y comamos y
hagamos fiesta…".*
Lucas 15:23 (RVR 1960)

Jesús contó una parábola acerca de un hijo pródigo quien dejó su casa, despilfarró todo su dinero y decidió regresar a su hogar. Cuando su padre lo vio (el padre representa a Dios) le dijo a sus sirvientes: "Traed el becerro gordo y matadlo, y comamos y hagamos fiesta". Pero el hermano mayor se ofendió. Este dijo: "Padre, nunca me has dado ni un cabrito para gozarme con mis amigos".

Permítame preguntarle: ¿Tiene una mentalidad de becerro gordo o tiene una mentalidad de cabrito? Usted puede sobrevivir en la tierra de Apenas Suficiente. Podemos perseverar en la tierra de Justo lo Suficiente. "Justo lo suficiente para arreglárnosla". Pero eso no es lo mejor de Dios. Su Padre celestial está diciendo: "Tengo un becerro gordo para ti. Tengo un lugar para ti en la tierra de Más que Suficiente".

Una entrega especial

*El Señor desató un viento que
trajo codornices del mar y las
dejó caer sobre el campamento.
Las codornices cubrieron los
alrededores del campamento...*

NÚMEROS 11:31

Cuando los israelitas estaban en el desierto,
en la tierra de Justo lo Suficiente, se habían
cansado de comer lo mismo todos los días. Por
tanto, dijeron: "Moisés, queremos comer carne
aquí". Se estaban quejando, pero al menos por
unos instantes tuvieron una mentalidad de becerro gordo.

Moisés pensó: *Es imposible. ¿Carne aquí en
el desierto? ¿Bistecs para dos millones de personas?* No había almacenes, ni depósitos donde
comprar camionadas de carne. Sin embargo,
Dios tiene maneras de bendecirlo que nunca
ha pensado. Dios simplemente cambió la dirección del viento e hizo que una bandada de
codornices cayera sobre el campamento. No
tuvieron que ir a buscarlas. La comida vino a
ellos. ¿Qué estoy queriendo decir? Dios sabe
cómo proveerle.

Adiós, cabrito

No serán avergonzados en tiempos
difíciles; tendrán más que suficiente
aun en tiempo de hambre.
Salmo 37:19 (NTV)

Un toque del favor de Dios puede impulsarlo a más que suficiente. No se convenza de lo contrario. Dios tiene un becerro gordo, un lugar de abundancia para usted. Él no está limitado por sus circunstancias, por cómo fue criado o por lo que no tiene. Solo lo que usted cree limita a Dios. Quizá haya tenido ese cabrito con usted por muchos años. Se han vuelto mejores amigos. Pero hoy necesita anunciarle: "Lo lamento, pero nuestra relación se terminó. Se acabó. Cada uno va a seguir su camino".

Tal vez llore y se queje: "Baaaa". Quizá le pregunte: "¿Conociste a alguien más?". Respóndale: "Sí, encontré un becerro engordado. Ya basta de pensar en que no es suficiente, apenas suficiente o justo lo suficiente. Desde ahora en adelante voy a pensar en más que suficiente; una mentalidad de abundancia".

Provisiones generosas

*Y Dios proveerá con generosidad todo lo
que necesiten. Entonces siempre tendrán
todo lo necesario y habrá bastante de
sobra para compartir con otros.*

2 Corintios 9:8 (NTV)

Hablé con una mujer que había pasado por muchas dificultades durante años, pero cada domingo, ella y sus dos hijos estaban aquí en Lakewood. A pesar de todos los obstáculos, continuó siendo fiel en el lugar donde estaba, honrando a Dios, agradeciéndole porque estaba entrando en abundancia en su Tierra Prometida.

Uno de los hijos de esta mujer, desde que era un niño, siempre dijo que iba a obtener una beca para ir a la universidad. Él podría haber pensado: *Somos pobres. Estoy en desventaja.* Pero esta madre les enseñó a sus hijos que Dios es un Dios de abundancia. Cuando su hijo se graduó de la escuela secundaria, ¡le otorgaron nueve becas, que sumaron en total más de 1,3 millones de dólares!

Una medida apretada

"Den, y se les dará: se les echará en el regazo una medida llena, apretada, sacudida y desbordante".

Lucas 6:38

9

DE AGOSTO

¿Qué quiso decir Jesús con *apretada*? Es como apretar el azúcar morena en el vaso medidor. Al hacer esto, puede poner casi el doble de lo que uno tenía inicialmente. Dios está diciendo: "Me estás pidiendo esto, pero yo soy un Dios desbordante. Estoy a punto de apretar y mostrarte mi favor en una manera nueva". Después de apretarlo, va a sacudirlo y no solo lo va a llenar hasta el borde, sino que le va a dar tanto más hasta que desborde.

Así es nuestro Dios. Por qué no se alinea con él y le dice: "Dios, estoy listo. Soy un dador. Tengo una mentalidad de abundancia. Señor, quiero agradecerte por una medida llena, apretada, sacudida y desbordante para mi vida".

*"¿Acaso hay algo imposible
para el Señor?".*
Génesis 18:14

Un amigo mío tiene un hijo que obtuvo su licencia de conducir y realmente quería un coche. Su padre le dijo: "Vamos a creer que Dios te dará un coche". El hijo le respondió: "Papá, Dios no me va a dar un coche. Tú me puedes comprar uno". Él le dijo: "No; vamos a orar". Le pidieron a Dios que de alguna manera abriera un camino para que pudiera tener un coche. Un par de meses después, el empleador de este hombre lo llamó y le dijo: "Durante los últimos dos años, hemos cometido un error en la liquidación de su sueldo. Le hemos estado pagando de menos". Le entregaron un cheque por quinientos dólares más de lo que costaba el coche que habían esperado comprar.

No podemos imaginar lo que Dios hará si usted hace espacio para que Él le muestre su abundancia en una forma nueva.

Una tierra espaciosa

"Así que he descendido para sacarlos de ese país, para llevarlos a una tierra buena y espaciosa, tierra donde abundan la leche y la miel".
Éxodo 3:8

Reciba esto en su espíritu. Dios lo está llevando a una tierra espaciosa. No una tierra pequeña. No un lugarcito; estrecho; atestado; sin suficiente espacio. No; sino una tierra donde hallará más que suficiente. Una tierra de gran espacio. Una tierra donde fluye abundancia, tiempos favorables, oportunidades, donde no solamente tenga lo suficiente para usted, sino que se desborde. Desbordando con espacio. Desbordando con provisiones. Desbordando con oportunidades. Si no se encuentra en un lugar bueno y espacioso, mi desafío es que no se establezca allí. Ese no es su domicilio permanente. Solo es temporal. Dios lo está llevando a una tierra buena y espaciosa.

Si se atreve a tener esta mentalidad de abundancia, creo y declaro que está entrando en la tierra de Más que Suficiente.

Así como prospera su alma

DE AGOSTO

12

Amado, yo deseo que tú seas prosperado en todas las cosas, y que tengas salud, así como prospera tu alma.

3 Juan 1:2 (RVR 1960)

La prosperidad para mí significa mucho más que solo la parte financiera. Significa tener salud. Tener paz en su mente. Poder dormir por la noche. Tener buenas relaciones. Hay tantas cosas que el dinero no puede comprar. Pero tampoco puedo encontrar un solo versículo en la Escritura que sugiera que debemos arrastrarnos sin tener lo suficiente, sin poder ser capaces de adquirir lo que queremos, viviendo de las migajas, en la tierra de No es Suficiente.

Fuimos creados para ser la cabeza y no la cola. Jesús vino para darnos una vida abundante. Somos los representantes del Dios Todopoderoso aquí en esta tierra. Deberíamos ser ejemplos de su bondad —tan bendecidos, tan prósperos, tan generosos, tan llenos de gozo— a fin de que otras personas quieran lo que nosotros tenemos.

13 de agosto

Una copiosa cosecha

Coronas el año con una copiosa cosecha; hasta los senderos más pisoteados desbordan de abundancia.
Salmo 65:11 (NTV)

Mi padre creció siendo extremadamente pobre durante la Gran Depresión y desarrolló una mentalidad de pobreza. Además de esto, en el seminario le enseñaron que uno tenía que ser pobre para demostrarle a Dios que era santo. Como pastor, le llevó años estar dispuesto a recibir las bendiciones financieras de Dios.

Hay algo dentro de nosotros que nos dice que debemos ser bendecidos. Esto se debe a que somos hijos del Rey. Fue puesto allí por nuestro Creador. Pero esta es la clave: Usted tiene que darle permiso a Dios de prosperarlo. No puede andar por la vida con una mentalidad de escasez, pensando: *A Dios no le gustaría que tuviera demasiado. Solamente voy a tomar las sobras.* Deshágase de ese sentimiento de humildad falso. Eso va a mantenerlo alejado de una vida abundante.

Abundancia de bienes

El Señor te concederá abundancia de
bienes El Señor abrirá los cielos, su
generoso tesoro, para derramar a su debido
tiempo la lluvia sobre la tierra…

DEUTERONOMIO 28:11-12

Pensamos: ¿Está mal que quiera vivir en una casa linda o conducir un buen coche? ¿Está mal que quiera fondos para cumplir mis sueños o está mal que quiera dejar una herencia para mis hijos? Dios nos dice: "No está mal. Me complace bendecirte". Si estuviera mal tener recursos, abundancia y riquezas, ¿por qué Dios habría escogido comenzar el nuevo pacto con Abraham? La Escritura dice: "Abram se había hecho muy rico en ganado, plata y oro". Era el Bill Gates de su época. Dios podría haber elegido a cualquiera, pero escogió a Abraham, un hombre extremadamente bendecido, para convertirse en el padre de nuestra fe.

Otórguele permiso a Dios para bendecirlo. Otórguele permiso para concederle abundancia de bienes.

Produzca riquezas

*Recuerda al Señor tu
Dios, porque es él quien
te da el poder para
producir esa riqueza...*
Deuteronomio 8:18

David le dejó miles de millones de dólares a su hijo para que construyera el templo, y aun así David fue llamado por Dios "un hombre conforme a mi corazón". Deshágase de los pensamientos que dicen: *A Dios no le gustaría que tuviera tanto. Eso no estaría bien. No se vería bien.* Es justamente lo opuesto. Cuando usted se ve bien, hace que Dios se vea bien. Cuando usted es bendecido, próspero y exitoso, le da honor a Él.

Dios no le daría el "poder para producir esa riqueza" y luego condenarlo por ello. No hay nada malo con que usted tenga dinero. La clave es no permitir que el dinero lo tenga a usted. No deje que se convierta en el centro de su vida. No busque la provisión; busque al Proveedor. El dinero es simplemente una herramienta para cumplir su destino y hacer avanzar el reino de Dios.

Sea una bendición

*"¡Que el Señor, el Dios de sus
antepasados, los multiplique
mil veces más, y los bendiga
tal como lo prometió!".*

Deuteronomio 1:11

Esta es mi oración para usted: Mil veces
más de favor. Mil veces más de recursos.
Mil veces más de ingresos. La mayor parte
del tiempo nuestros pensamientos son: ¡TAR-
JETA! ¡TARJETA! ¡TARJETA! Dios está a
punto de apretar algunas cosas. Está por hacer
espacio para darnos más de su abundancia.
Ahora, levántese cada mañana y diga: "Dios,
quiero agradecerte porque hoy estás abriendo
los tesoros de los cielos y concediéndome abundancia de bienes. Soy próspero".

Cuando tiene esta mentalidad de abundancia y un deseo por extender el reino, Dios le
concederá abundancia de bienes. Él abrirá los
cielos, su generoso tesoro, para que usted no
solo cumpla sus sueños, sino para que pueda
ser una bendición para el mundo.

Redima el tiempo

Andad sabiamente para con los de afuera, redimiendo el tiempo.
Colosenses 4:5 (RVR 1960)

El tiempo es uno de los bienes más valiosos que tenemos. Es más valioso que el dinero. Usted puede producir más dinero, pero no puede producir más tiempo. Redimir el tiempo significa no desperdiciarlo. No viva este día desenfocado, indisciplinado ni desmotivado. Tenemos la responsabilidad de usar nuestro tiempo sabiamente. No siempre vamos a estar aquí.

Este día es un regalo. ¿Lo está viviendo al máximo? ¿Con propósito y pasión? ¿Persiguiendo sus sueños? ¿O está usted distraído? ¿Indiferente? ¿Haciendo solamente lo que se le presente? ¿Está en un trabajo que le desagrada? ¿Juntándose con personas que lo degradan? Eso no es redimir el tiempo; sino malgastar el tiempo. Así como usted gasta el dinero, usted está gastando su vida. O la está invirtiendo o la está desperdiciando.

El "hoy" es un presente

Más bien, mientras dure ese "hoy", anímense unos a otros cada día, para que ninguno de ustedes se endurezca por el engaño del pecado.

Hebreos 3:13

El primer paso que lo ayudará a redimir el tiempo es establecer metas a corto plazo y metas a largo plazo. ¿Qué es lo que quiere lograr esta semana? ¿Dónde quiere estar en cinco años? ¿Tiene un plan? ¿Está dando pasos para llegar allí? No pase otros tres años de su vida en un empleo que no le gusta, haciendo algo por lo que no se siente apasionado. La vida se pasa volando. Esta es su única oportunidad. No será posible rehacerla. Una vez que este día termine, no lo podrá recuperar jamás.

Dios le ha dado un presente que se llama "hoy". ¿Qué es lo que va a hacer con él? Este es un llamado a la acción. Enfóquese. Organícese. Establezca sus metas. Haga sus planes. Dios podría haber elegido a cualquier otro para que estuviera aquí, pero lo escogió a usted.

19 DE AGOSTO

❖

Sea una persona "a propósito"

Mirad, pues, con diligencia cómo
andéis, no como necios sino como sabios,
aprovechando bien el tiempo…
EFESIOS 5:15-16 (RVR 1960)

Pablo en efecto dijo que si van a procurar alcanzar su máximo potencial, usted tiene que ser una persona que viva "a propósito". Sepa adónde va. No sea vago, distraído, esperando a ver qué sucede. Usted debe estar enfocado, aprovechando bien cada oportunidad. Permítame ponerlo en términos más prácticos: Estar en las redes sociales durante horas al día y enterándose de los últimos chismes no es redimir el tiempo. Jugar videojuegos durante horas al día cuando podría estar estudiando no es redimir el tiempo. Hablar por teléfono durante horas con un amigo que no tiene ningún sueño no es redimir el tiempo.

Hay miles de cosas en las que puede invertir su tiempo cada día. Tiene que ser una persona disciplinada para enfocarse en lo que es mejor para usted.

Sea organizado

*…porque Dios no es un Dios
de desorden sino de paz.*

1 Corintios 14:33

La Escritura habla de vivir vidas bien invertidas. Cuando nos vamos a dormir por la noche, deberíamos preguntarnos: "¿Viví un día bien invertido? ¿Di pasos hacia mis metas? ¿Invertí o desperdicié mi tiempo?". En una ocasión leí que una persona promedio pasa más de ochenta horas al año buscando cosas perdidas —las llaves del auto, teléfonos celulares, anteojos, recibos y ¡niños!—. Hágase un favor: organícese y redima ese tiempo.

Conozco a muchas personas que son increíblemente talentosas y con un gran potencial, pero no son disciplinadas con su tiempo. Tienen buenas intenciones, pero se distraen con facilidad y terminan saliéndose del camino. Terminan persiguiendo la última moda, tratando de seguirles el ritmo a sus amigos, distraídos, enredados con cosas que no forman parte de su destino.

Le ha encomendado su vida

*"Mi apreciada Marta, ¡estás
preocupada y tan inquieta
con todos los detalles! Hay
una sola cosa por la que
vale la pena preocuparse".*
LUCAS 10:41-42 (NTV)

21
DE AGOSTO

Es fácil distraerse con cosas que lo desvían del
camino, y cuando finalmente se da cuenta,
el día ya terminó, o el año ya pasó o ya perdió
veinte años. Nada será más triste que haber llegado al final de su vida y pensar: *¿Por qué desperdicié tantos días? ¿Por qué no viví enfocado?*

Tome esta decisión conmigo de que usted va
a redimir el tiempo. Tenemos una responsabilidad. Dios le ha encomendado su vida. Sopló
su aliento en usted. Él ha puesto dones y talentos en su interior. Usted no está en el planeta Tierra ocupando solo un espacio. Usted es
una persona con un propósito. Con ese regalo
de la vida viene la responsabilidad de desarrollar sus talentos, de perseguir sus sueños y convertirse en la persona que Dios lo creó.

Corra con propósito

*Por eso yo corro cada
paso con propósito.*
1 Corintios 9:26 (NTV)

Periódicamente, necesita revaluar lo que está haciendo. Volver a enfocar su vida. Deshacerse de cualquier distracción. El apóstol Pablo dijo que cada paso que daba era con propósito. Cuando comprendemos el valor del tiempo y vemos cada día como el regalo que es, nos ayuda a mantener la perspectiva correcta. Se da cuenta de que no vale la pena pelear todas las batallas. No tiene tiempo para participar de conflictos que no son entre usted y su destino.

Si alguien tiene un problema con usted, a menos que responda a aquello que Dios puso en su corazón, con todo el debido respecto, ese es problema de ellos y no de usted. No tiene que salir a resolver conflictos con cada persona. Algunas personas no quieren estar en paz con usted. No desperdicie su valioso tiempo peleando batallas que no tienen importancia.

Cuente bien sus días

Enséñanos a contar bien nuestros días, para que nuestro corazón adquiera sabiduría.
Salmo 90:12

Cuando se da cuenta de que sus días están contados, no responde ante cada crítica. No trata de convencer a personas a quienes nunca les va a simpatizar que lo aprecien. Acepta el hecho de que algunas personas nunca le van a dar su aprobación ni van a estar felices por usted. Pero está bien, porque la felicidad de ellos no es su responsabilidad. Usted sabe que tiene la aprobación del Dios Todopoderoso.

Siempre sea amable y respetuoso, pero su actitud debería ser: *Si no quiere ser feliz, está bien, pero no me va a impedir que yo sea feliz. Sé que este día es un regalo, y no voy a vivirlo tratando de cambiar cosas que no puedo cambiar ni tratando de cambiar a personas quienes no quieren cambiar.* Eso es redimir el tiempo.

¿Qué es su vida?

¿Qué es su vida? Ustedes son como la niebla, que aparece por un momento y luego se desvanece.

Santiago 4:14

Una mujer me contó acerca de un familiar que la había ofendido. Ella era muy negativa y comenzó a amargarse. Le dije que la vida es demasiado corta para vivir así. Déjelo ir, y Dios será su vindicador. Pero no me quiso escuchar. Me dijo: "No; no voy a ser feliz hasta que se disculpe". Me pregunto cuántos días hemos desperdiciado haciendo cosas similares. No podemos decir que redimimos el tiempo cuando solamente pasamos nuestros días estando enfadado, ofendidos y desanimados.

Cuando se da cuenta de que su tiempo es limitado, no se va a ofender. No se molesta porque alguien esté jugando a la política; no se estresa porque alguien esté tratando de hacerlo ver mal. No le da importancia y confía en que Dios vindicará sus ofensas.

25 de agosto

Acuéstese en paz

"Si se enojan, no pequen". No dejen
que el sol se ponga estando aún
enojados, ni den cabida al diablo.

Efesios 4:26-27

La razón por la que tantas personas no tienen gozo ni entusiasmo es porque se van a la cama cada noche con falta de perdón en sus corazones. Reviven sus heridas pensando en sus decepciones. Este es el problema: Si el sol se pone con amargura, va a salir de nuevo con amargura. Si se pone con resentimiento, vuelve a salir con resentimiento. Eso se llama bloquear las bendiciones de Dios.

Antes de acostarse cada noche, necesita decir: "Dios, suelto cada situación negativa que me ha sucedido hoy: cada herida, cada preocupación y cada decepción. Perdono a las personas que me han ofendido. Dios, me voy a dormir en paz". Cuando hace esto, el sol se pondrá sin que nada impida las bendiciones de Dios. No se vaya a la cama con algún tipo de derrota aún en su mente.

Para nuestro bien

Ahora bien, sabemos que Dios dispone todas las cosas para el bien de quienes lo aman, los que han sido llamados de acuerdo con su propósito.

ROMANOS 8:28

Una reportera de la televisión local en Houston tenía la misión durante el huracán Ike de encontrar a personas que estuvieran en situación de calle y tristes, pero solo pudo hallar a personas que estaban agradecidas por estar con vida y hablaban acerca de cómo iban a lograr salir adelante. Creyó que su supervisor estaría emocionado ya que logró que Victoria y yo le diéramos una entrevista, pero la estación solo quería historias tristes. ¡Terminó siendo despedida por ese incidente!

Ella se podría haber desanimado, deprimido y amargado, pero conocía este principio de que cada día es un regalo de parte de Dios. Comenzó a agradecerle a Dios de que nuevas puertas se iban a abrir y agradecerle a Dios porque su favor viene en camino. Poco tiempo después, le ofrecieron el trabajo de sus sueños en una prestigiosa compañía de comunicación.

Invierta su tiempo

El que con lágrimas siembra,
con regocijo cosecha.
SALMO 126:5

Una vez escuché decir: "Las decepciones son inevitables, pero la conmiseración es opcional". Sin importar la clase de contratiempos que enfrente, sin importar quién le haga mal, no tiene que ir por la vida derrotado, deprimido y amargado. Comience a redimir su tiempo. Empiece a agradecerle a Dios porque Él está en control, porque nuevas puertas se están abriendo y porque el favor viene en camino.

Todos atravesamos los valles, pero los valles son los que nos guían a montañas más altas. Cuando pase por el valle, en lugar de quedarse sentado allí pensando sobre sus problemas, salga y haga algo bueno por alguien más. Cuando invierte su tiempo de manera correcta como ayudar a otros, esas semillas que usted siembre producirán la cosecha que necesita, no solamente para salir del valle, sino para avanzar a un nuevo nivel de su destino.

Camine con sabios

*El que con sabios anda, sabio
se vuelve; el que con necios se
junta, saldrá mal parado.*

PROVERBIOS 13:20

No solo resulta importante la manera en que invertimos nuestro tiempo, sino con quién lo pasamos. Redimir el tiempo puede significar recortar algunas relaciones que no le están añadiendo valor a su vida. No se junte con personas que están sin rumbo, que no tienen metas ni sueños. Que transigen y que toman la salida fácil. Si usted tolera la mediocridad, se va a contagiar. Si se junta con personas celosas, criticonas e infelices, terminará siendo envidioso, criticón e infeliz.

Considere a sus amigos. Si sus amigos son ganadores, líderes, dadores y exitosos, si tienen integridad y un espíritu de excelencia y son positivos y están motivados, entonces esas buenas cualidades se le van a pegar. Invierta su tiempo con ellos. Lo están volviendo una mejor persona.

29

Las amistades correctas

No se dejen engañar: "Las malas compañías corrompen las buenas costumbres".

1 Corintios 15:33

Lo único que está impidiendo que algunas personas avancen a un nuevo nivel de su destino son las amistades equivocadas. No puede juntarse con gallinas y esperar remontar como un águila. No necesita informarles: "Oigan, voy a cortar con ustedes". Pero puede gradualmente pasar cada vez menos tiempo con ellos. "Bueno, ¿y qué sucede si hiero sus sentimientos?". Bueno, ¿y qué pasa si ellos impiden que alcance su destino?

Si se junta con personas que son lentas, indisciplinadas, sin motivaciones y sin rumbo, vaya y busque nuevas amistades. No se va a convertir en la persona que Dios lo creó si se junta con ellos. Quizá sean buenas personas, y tal vez tengan un buen corazón, pero su destino es muy grande, su misión es demasiado importante y su tiempo es sumamente valioso para dejarse arrastrar.

Una amistad superada

¿Pueden dos caminar juntos sin estar de acuerdo adonde van?

Amos 3:3 (NTV)

Aquí está la clave de por qué usted necesita revaluar sus amistades: Si no deja ir a las personas equivocadas, nunca conocerá a las personas adecuadas. A veces podemos superar una amistad. Fue buena durante un tiempo. Por algunos años estuvo satisfecho. Pero ahora usted ha crecido más que ellos. Está avanzando a un paso diferente. Sus dones se destacan de una manera mayor. Eso no los convierte en malas personas. Es solamente una nueva etapa.

A la naturaleza humana le agrada aferrarse a lo viejo. Nos gusta que todo siga igual. Pero la realidad es que es saludable que los tiempos cambien. No significa que no puedan seguir siendo sus amigos; solamente tenga presente que no llegará a convertirse en la persona que Dios lo creó a menos que pase menos tiempo con ellos.

Un nuevo tiempo

*Como el hierro se afila con hierro, así
un amigo se afila con su amigo.*
PROVERBIOS 27:17 (NTV)

Hay personas que llegan a nuestras vidas y que son como un andamio. Están diseñadas para estar en nuestras vidas por un período. (No estoy hablando de una situación matrimonial; sino acerca de amistades). Estas personas nos ayudan a crecer, nos inspiran y nos motivan. Pero, en cierto momento, se deben quitar los andamios o el edificio nunca llegará a ser lo que tiene que ser, y así sucede con algunas personas.

Aprecie a las personas quienes lo han ayudado. Hónrelas siempre, pero sea lo suficientemente maduro para reconocer que su parte en la historia se terminó. Periódicamente, necesita revaluar sus amistades y a las personas con quienes escoge pasar el tiempo. ¿Se encuentran en la posición correcta? ¿Su posición ha cambiado? ¿Podría ser que es un nuevo tiempo?

1 DE SEPTIEMBRE

Su círculo íntimo

Uno de ellos, el discípulo a quien
Jesús amaba, estaba a su lado.
Juan 13:23

Cuando Jesús vivió en la tierra, fue muy selectivo con sus amistades. Todos querían estar cerca de Él; no obstante, Él escogió a solo doce discípulos con quienes pasar la mayor parte de su tiempo. De esos doce, tres eran sus amigos más cercanos: Pedro, Jacobo y Juan. Uno de ellos podría considerarse su mejor amigo: Juan, "el discípulo a quien Jesús amaba".

Tenga cuidado a quién permite en su círculo íntimo. Puede tener veinte amigos, pero asegúrese de que los dos o tres que escoja para que sean cercanos estén cien por ciento a su favor. Asegúrese de que crean en usted y que estén presentes en las buenas y en las malas. Es posible que no esté viendo lo mejor de Dios a causa de que está invirtiendo tiempo valioso en personas que no deben ser parte de su círculo íntimo.

Unidos en espíritu

*No dejó que nadie lo
acompañara, excepto
Pedro, Jacobo y Juan, el
hermano de Jacobo.*

MARCOS 5: 37

2

DE
SEPTIEMBRE

En Marcos 5, Jesús fue a orar por una niña que había muerto. Cuando llegó a la casa, no permitió que nadie entrara con Él excepto su círculo íntimo. ¿Por qué? Jesús sabía cuando entró en esa habitación en donde yacía la niña muerta que necesitaba a personas que no cuestionaran quién Él era; sino que creyeran en Él.

Cuando uno está en el calor de la batalla, cuando necesita tener victoria, necesita a personas que estén unidas en espíritu con usted. Necesita a personas que digan: "Si eres lo suficientemente valiente para creerlo, cuenta conmigo. Soy lo suficientemente valiente para estar de acuerdo contigo". "Si crees que puedes obtener tu diploma, o que puedes ver a tu matrimonio restaurado, entonces cuenta conmigo. Estoy abordo. Estoy a tu favor".

Amor a distancia

Entonces empezaron a burlarse de él, pero él los sacó a todos, tomó consigo al padre y a la madre de la niña y a los discípulos que estaban con él, y entró adonde estaba la niña.

MARCOS 5:40

3
DE
SEPTIEMBRE

En Marcos 5, cuando los que lamentaban la muerte de la niña se burlaron de Jesús, lo siguiente que hizo Jesús es una clave para vivir en victoria. La Escritura dice: "Él los sacó a todos". Observe que el Hijo de Dios les pidió que se marcharan. Les mostró la puerta de salida. Su actitud fue: *No necesito sus dudas. Me voy a rodear con personas de fe que entiendan mi misión.*

Si tiene a personas cercanas que constantemente están desanimándolo, diciéndole que jamás va a lograr sus sueños, entienda que es bíblico mostrarles la puerta de salida. Puede ser difícil, pero tiene que tener la actitud de: *No puedo cumplir mi destino con tu espíritu crítico en mi vida. Te quiero, pero voy a quererte a la distancia.*

Quién está en su equipo

Un amigo es siempre leal, y un hermano nace para ayudar en tiempo de necesidad.
Proverbios 17:17 (NTV)

En Marcos 5, Jesús demostró que es extremadamente importante quién forme parte de su círculo íntimo. Si Jesús se tomó la molestia de pedirles a las personas equivocadas que salieran, si se preocupó tanto por su círculo íntimo, ¿cuánto más preocupados deberíamos estar nosotros sobre quién forma parte de nuestro círculo íntimo?

¿Quién está hablando a su vida? ¿A quién le está prestando su tiempo y su atención? En términos prácticos, ¿con quién está almorzando todos los días en la oficina? ¿Con quién está hablando tanto por teléfono? ¿Lo están edificando o lo están derribando? ¿Están impulsándolo hacia su destino, o le están diciendo aquello que no puede hacer? ¿Son ejemplo de excelencia, integridad, carácter y santidad? Usted tiene la responsabilidad de redimir su tiempo.

Mejores amigos

En cuanto a mi compañero,
él traicionó a sus amigos;
no cumplió sus promesas.
Salmo 55:20 (NTV)

Algunas veces sabemos que una cierta persona no es buena para nosotros, sabemos que nos está atrasando; pero pensamos que si la dejamos ir, vamos a quedar solos. Es cierto, quizá esté solitario durante un tiempo, pero nunca renuncia a algo por Dios sin que Él le dé algo mejor a cambio. Dios no solo le dará nuevos amigos, Él le dará mejores amigos. Personas que lo inspiren, que lo celebren y que lo impulsen hacia adelante.

Esto puede significar que tenga que alejarse de la persona que siempre está hablando mal del jefe; no necesita ese veneno en su vida. Quizá tenga que dejar de pasar tiempo con ese vecino que siempre está deprimido. Es mejor hacer el cambio y estar solo por un tiempo que estar envenenado de por vida.

6 de septiembre

Una vida bien invertida

¡Setenta son los años que se nos conceden!
Algunos incluso llegan a ochenta. Pero hasta
los mejores años se llenan de dolor y de
problemas; pronto desaparecen, y volamos.

SALMO 90:10 (NTV)

Cuando lleguemos al final de nuestros días, Dios nos va a preguntar: "¿Qué hiciste con el tiempo que te confié? ¿Desarrollaste tus dones y talentos? ¿Cumpliste tu misión? ¿Cómo invertiste tu vida?". No va a funcionar poner excusas de por qué no redimimos el tiempo.

Tome la decisión de que va a ser una persona que viva con propósito. Establezca sus metas y sea disciplinado para perseverar. Recorte esas relaciones que no le añaden nada a su vida. Y no se vaya a la cama con algún tipo de derrota, amargura o negatividad en su mente. Este día es un regalo. Asegúrese de estar invirtiendo su tiempo y no desperdiciándolo. Si hace esto, verá el favor de Dios en nuevas maneras.

Creado para terminar

*…puestos los ojos en Jesús, el autor
y consumador de la fe…*
Hebreos 12:2 (RVR 1960)

No se requiere mucho esfuerzo para comenzar cosas: una dieta, la escuela, una familia. Terminar es lo que puede resultar difícil. Cualquier pareja se puede casar, pero se requiere de compromiso para continuar. Cualquiera puede tener un sueño, pero se requiere de determinación, perseverancia y decisión para verlo cumplirse. Muchas personas tienen un buen comienzo. Tienen grandes sueños. Pero a lo largo del camino se les presentan algunos obstáculos, se desaniman y piensan: *¿De qué sirve?*

Dios no solo le ha dado la gracia para comenzar; Él también le ha dado la gracia para terminar. Cuando se sienta tentado a desanimarse, renunciar a su sueño, dejar una relación, abandonar un proyecto, tiene que recordarse a sí mismo: *No fui creado para rendirme. No fui creado para renunciar. Fui creado para terminar.*

8 DE SEPTIEMBRE

Gracia para terminar

Dichoso el que resiste la tentación porque, al salir aprobado, recibirá la corona de la vida que Dios ha prometido a quienes lo aman.
Santiago 1:12

Quizá se sienta tentado a renunciar a un sueño. Las cosas no han surgido según lo planeado. Al principio todo iba bien, pero luego se les presentaron algunos obstáculos y pensó: *Bueno, no tenía que ser.* Esto es lo que he aprendido. El enemigo no intenta detenerlo al comenzar. Pero cuando usted está decidido y sigue avanzando, haciendo lo correcto, tomando nuevo terreno, va a trabajar horas extras para tratar de evitar que usted termine.

Amigo, usted tiene la gracia para terminar. Deje de hablar derrota y comience a declarar victoria. "Todo lo puedo en Cristo. Estoy lleno de sabiduría, talento y creatividad. Voy a aprobar este curso". Cuando hace esto, la gracia para terminar lo ayudará a hacer lo que no podía hacer por sí solo.

Él abre un camino

…para que andéis como es digno del Señor, agradándole en todo, llevando fruto en toda buena obra, y creciendo en el conocimiento de Dios.

Colosenses 1:10 (RVR 1960)

¿Qué significa entrar en la gracia para terminar? Significa que cuando sus amigos le dan la espalda, cuando pierde un cliente, cuando su hijo se mete en problemas, usted sigue avanzando, agradeciendo a Dios de que Él está en control, agradeciéndole de que Él pelea sus batallas. Cuando debería sentirse débil, se vuelve más fuerte. Cuando debería estar quejándose, tiene una canción de alabanza. En lugar de hablar de lo grande que es su problema, habla acerca de cuán grande es su Dios. Cuando debería hundirse, Dios lo hizo salir a flote. Cuando no veía un camino, Dios abrió un camino para usted.

Si continúa avanzando en fe, honrando a Dios, recibirá una fortaleza que no había tenido antes. Esa es la gracia para terminar.

Un feliz término

Estoy convencido de esto: el que comenzó tan buena obra en ustedes la irá perfeccionando hasta el día de Cristo Jesús.

FILIPENSES 1:6

Quizá esté atravesando algunos desafíos en este momento. Tal vez se encuentre enfrentando desánimos, teniendo que sacudirse la autocompasión y lo que alguien dijo sobre usted. Esto es porque está avanzando. Está progresando. No deje de recordarse a sí mismo que Dios es el autor y el consumador de la fe. Él lo ayudó a comenzar. Esto es excelente, pero hay algo más importante: Él lo va a ayudar a terminar. No lo trajo hasta aquí para abandonarlo.

Una versión dice: "La llevará a feliz término", no un término derrotado, donde apenas logre llegar acabado y quebrado. Usted está llegando a un feliz término, un final más gratificante del que ha imaginado. Dios está soplando en su dirección, ayudándolo a convertirse en la persona que fue creada para ser.

Mantenga su fe

Potifar lo notó y se dio cuenta de que el Señor estaba con José, y le daba éxito en todo lo que hacía.

GÉNESIS 39:3 (NTV)

En la adolescencia, Dios le dio un sueño a José de que un día gobernaría una nación. Tenía un gran sueño y la vida era buena. Pero cuando José cumplió diecisiete años, sus hermanos lo vendieron como esclavo, y fue llevado a prisión durante años por algo que no cometió. Todo su mundo se había puesto de cabeza. Debió haber estado enojado y molesto. Pero José sabía que tenía la gracia para terminar aquello que Dios había puesto en su corazón. Así que se mantuvo con fe. Continuó haciendo lo correcto aun en medio de situaciones adversas.

Un día faraón tuvo un sueño que no lograba comprender, pero que José pudo interpretar. Faraón quedó tan impresionado con José que lo puso a cargo de toda la nación. El sueño de José se cumplió.

12 DE SEPTIEMBRE

***

Dios prevalecerá

*Pero Jehová estaba con José y le
extendió su misericordia, y le dio gracia
en los ojos del jefe de la cárcel.*
GÉNESIS 39:21 (RVR 1960)

Dios ha puesto algo en usted que prevalecerá sobre las personas que estén en su contra. Prevalecerá sobre las adversidades y la injusticia. Usted tiene la gracia no solo de comenzar. Tiene algo todavía más poderoso: la gracia para terminar. Cuando usted tiene una actitud como la de José, no puede permanecer derrotado. La vida podrá empujarlo hacia abajo, pero Dios lo volverá a impulsar. Las personas tal vez lo ofendan, pero Dios será su vindicador. Las situaciones pueden parecer imposibles, pero Dios es el Dios de los imposibles.

Cuando usted tiene la gracia para terminar, todas las fuerzas de oscuridad no podrán detenerlo. Quizá enfrente algunos obstáculos, malos momentos e injusticias. Pero no se preocupe. Solo es temporal. Es simplemente un desvío en el camino hacia su destino. Esa es una señal de que está avanzando hacia la línea de meta.

❖

Estoy aquí para ganar

Estén alerta. Permanezcan firmes en la fe. Sean
valientes. Sean fuertes. Y hagan todo con amor.
1 Corintios 16:13-14 (NTV)

El enemigo lucha contra aquellos que se dirigen hacia la plenitud de sus destinos, personas que se atreven a tomar nuevos territorios, personas como usted que están llegando a feliz término. Cuando el camino se torne difícil, tiene que mantenerse firme y declarar: "Estoy aquí para ganar. Esta oposición no me moverá".

Nuestra actitud debería ser: *Soy decidido.*
Soy determinado. Voy a seguir avanzando a
pesar de la adversidad, a pesar de esta pér-
dida, a pesar del informe negativo, a pesar de
las críticas. Mi destino es demasiado grande y
mi misión es sumamente importante para des-
animarme, distraerme y amargarme. No me voy
a quedar a la mitad o a tres cuartos del camino.
Voy a llegar a ser todo lo que Dios ha destinado
que yo sea.

La línea de meta

Pero Dios es fiel, y no permitirá que ustedes sean tentados más allá de lo que puedan aguantar. Más bien, cuando llegue la tentación, él les dará también una salida a fin de que puedan resistir.

1 Corintios 10:13

14
DE
SEPTIEMBRE

Cuando se sienta tentado a desanimarse y conformarse, es porque se está acercando a su victoria. Está cerca de ver que su problema se resuelva. Las buenas oportunidades están en camino. La sanidad está en camino. El contrato está próximo a llegar. Ahora usted tiene que acceder a esta gracia para terminar. Ha llegado demasiado lejos para detenerse ahora. Ha creído por demasiado tiempo. Ha trabajado demasiado duro. Ha invertido mucho.

Necesita decir: "Dios comenzó una buena obra en mí, y Él es fiel para completarla. Así que voy a seguir honrando a Dios. Voy a continuar siendo bueno con las personas. Voy a seguir dando lo mejor de mí". Cada día que haga eso, está pasando la prueba. Está un día más cerca de llegar a su línea de meta.

La fuerza que necesita

15 DE SEPTIEMBRE

Y como tus días serán tus fuerzas.

Deuteronomio 33:25 (RVR 1960)

La Escritura dice que su fuerza siempre será equivalente a lo que necesite. Si fuera a recibir un informe médico negativo, usted va a tener la fuerza para poder manejarlo. No va a quedar destrozado.

Cuando mi padre se fue con el Señor, mi primer pensamiento fue: *¿Cómo voy a lidiar con esto?* Mi padre y yo éramos muy cercanos. Pero en vez de estar devastado a causa de su pérdida, sentí una paz que nunca había sentido antes, una fuerza, una determinación. En mi mente había pensamientos de preocupación y desánimo, pero en mi espíritu podía escuchar a Dios susurrando: "Joel, estoy en control. Todo va a resultar bien. Te tengo en la palma de mi mano". Esa era la gracia para terminar que me estaba empujando hacia adelante, impulsándome a mi destino.

Fuerza de reserva

Dios es nuestro amparo y fortaleza, nuestro pronto auxilio en las tribulaciones.
SALMO 46:1 (RVR 1960)

Mientras conduzca un gran SUV con un motor de ocho cilindros por caminos planos, el motor irá tranquilo. Pero cuando empieza a ascender por un empinado camino de montaña, justo cuando comienza a pensar que el vehículo no lo logrará, escucha esos dos cilindros extras arrancar y siente una fuerza adicional. Siempre está disponible como la fuerza de reserva.

La buena noticia es que Dios tiene fuerza de reserva para usted. Cuando se le presente un tiempo difícil, no se preocupe. Durante las dificultades de la vida, si permanece en silencio y acalla las voces negativas, sentirá una paz que sobrepasa todo entendimiento. Sentirá una fuerza impulsándolo hacia adelante, llevándolo a donde no podía ir por su cuenta. Quizá todo parezca desmoronarse, pero hay gracia para cada tiempo.

No tema

*Así que no temas, porque yo
estoy contigo; no te angusties,
porque yo soy tu Dios. Te
fortaleceré y te ayudaré…*
Isaías 41:10

He aprendido que cuanto más cerca se encuentre de su destino, más difíciles se vuelven las batallas. Cuanto más alto suba la montaña, más lo promueve Dios. Saldrán críticos de la nada. Probablemente la gente no lo celebre. Habrá desafíos inesperados: un problema de salud, un retroceso en el negocio o la pérdida de un ser querido.

Ese desafío será una señal de que está cerca de alcanzar su destino. El mismo Dios que le dio la gracia para comenzar es el mismo Dios quien lo ayudará a terminar. Nada de lo que esté enfrentando es una sorpresa para Él. Él conoce cada montaña, cada decepción, cada dificultad. Usted va a vencer obstáculos que parecían infranqueables, cumplirá sueños que pensaba que eran imposibles. ¿Cómo sucederá esto? Con gracia para terminar. Entrará en la fuerza de reserva.

Sin cadenas

*...por el que sufro al extremo de llevar
cadenas como un criminal. Pero la
palabra de Dios no está encadenada.*

2 Timoteo 2:9

El apóstol Pablo compartía las Buenas
Nuevas y ayudaba a otras personas, pero
luego fue arrestado y llevado a prisión. Cuanto
más cerca estaba de su destino, más obstáculos
enfrentaba. Estaba solo en un calabozo. Parecía como si Dios se hubiera olvidado de él.
Pero Pablo no sentía lástima de sí mismo. A
pesar de que estaba encadenado, no podían detener aquello que Dios quería que hiciera.

Dado que Pablo no podía salir ni hablar en
público, pensó: *No hay problema. Comenzaré
a escribir.* Él escribió casi la mitad de los libros
del Nuevo Testamento, muchos de ellos desde
una celda en prisión. Creyeron que lo habían
detenido, pero hicieron que su voz fuera ampli-
ficada. Unos dos mil años después, todavía sentimos la influencia del apóstol Pablo. Aquello
que habían pensado para mal, Dios lo usó para
bien.

Mayor gracia

Pero él nos da mayor ayuda con su gracia. Por eso dice la Escritura: "Dios se opone a los orgullosos, pero da gracia a los humildes".

SANTIAGO 4:6

Las personas pueden tratar de detenerlo, desacreditarlo, menospreciarlo o excluirlo. No se ofenda. Deje de enfocarse en quienes están en su contra. Son parte del plan para llevarlo a su destino. Dios los usará para impulsarlo hacia adelante.

Dios tiene la última palabra. Sacó a José de la cárcel. Pablo permaneció en la cárcel, pero ambos cumplieron su destino. Si Dios no cambia sus circunstancias en la manera que usted pensó, justo en medio de esas dificultades, usted puede resplandecer, ser una luz brillante y tener el favor de Dios al igual que Pablo. La conclusión es esta: Ninguna persona puede hacerle frente a nuestro Dios. Ninguna adversidad podrá alejarlo de su destino. Dios le ha concedido gracia para terminar. Él va a llevarlo a donde usted debe estar.

Termine con una sonrisa

He peleado la buena batalla, he terminado la carrera, me he mantenido en la fe.
2 TIMOTEO 4:7

Cuando el apóstol Pablo llegó al final de su vida, dijo: "He terminado la carrera". Observe que no terminó derrotado, deprimido o amargado. Terminó con una sonrisa en su rostro. Terminó con alegría en su caminar. Terminó con un cántico en su corazón. Eso es lo que significa llegar a feliz término.

Todos tenemos cosas que vienen en nuestra contra. Usted tiene que tomar una decisión: *No solo voy a terminar mi carrera; voy a terminarla con gozo, con una buena actitud. Sin quejas, sino con una canción de alabanza. Sin ver aquello que está mal en mi vida, pero agradeciéndole a Dios por aquello que está bien.* Cuando recibe la gracia para terminar, no se arrastrará por la vida, sino que disfrutará su vida.

Guarde la llama

*Por eso te recomiendo que
avives la llama del don de
Dios que recibiste cuando
te impuse las manos.*

2 Timoteo 1:6

Existía una carrera famosa en la antigua Grecia llamada Relevo de Antorchas. Los corredores recibían una antorcha encendida, y la carrera consistía en llegar a la meta tan rápido como podían con la antorcha todavía encendida. El corredor debía proteger la llama del viento o de la lluvia o de cualquier otra cosa que pudiera apagarla.

El mismo principio rige para la carrera de la vida. Si va a terminar su carrera con gozo, tiene que proteger su llama. Muchas personas han perdido su pasión. Han perdido su celo. Si se siente identificado, hay una llama todavía encendida en su interior. La Escritura habla acerca de cómo debemos avivar esa llama, estimular los dones. No es suficiente solamente terminar. Tiene que terminar su carrera con su fuego todavía encendido.

Termine su obra

'Mi alimento es hacer la voluntad del que me envió y terminar su obra 'les dijo Jesús'.
Juan 4:34

Desde que puedo recordar, mi padre luchó con hipertensión. Hacia el final de su vida, ya no se sentía bien, pero nunca se perdió un domingo. Estaba determinado a terminar su carrera con gozo.

Cierta noche, su condición había empeorado. Le pidió a mi cuñado Gary que vaya a visitarlo. Gary le preguntó qué pensaba acerca de las dificultades que estaba padeciendo. Mi padre le respondió: "Gary, no lo entiendo todo, pero esto sí sé: Sus misericordias permanecen para siempre". Esas fueron las últimas palabras que mi padre pronunció. Justo en ese momento, exhaló su último aliento y se fue con el Señor. Aun con sus últimas palabras, le estaba dando la gloria a Dios. Cruzó la meta con su fuego todavía ardiente, con su antorcha todavía encendida.

Permanezca hasta el final

Me fijé que en esta vida la carrera no la ganan los más veloces, ni ganan la batalla los más valientes...

ECLESIASTÉS 9:11

Durante el maratón de los Juegos Olímpicos de 1968, un corredor de Tanzania se calló y se quebró la pierna, pero de alguna manera se las arregló para continuar corriendo. Mucho después de que todos habían terminado la carrera, entró con dificultad al estadio. Los pocos miles de personas que quedaban lo vieron y comenzaron a ovacionarlo. Sacando fuerza de la multitud, empezó a sonreír y a saludar como si fuera a ganar la medalla de oro. Fue un momento emotivo que fue visto más tarde alrededor del mundo.

La Escritura nos habla acerca de que la carrera no la gana el más veloz, sino aquellos que permanecen firmes hasta el final. Usted no tiene que terminar en primer lugar. No está compitiendo con nadie más. Solo termine *su* carrera. Mantenga su fuego encendido. Párese firme y diga: "Estoy decidido a terminar mi carrera".

24 DE SEPTIEMBRE

Sea un guerrero

*Comparte nuestros sufrimientos, como
buen soldado de Cristo Jesús.*

2 Timoteo 2:3

Todos atravesamos desafíos, decepciones y situaciones injustas. Es fácil permitir que nos abrumen hasta el punto de pensar: *Este problema con esta relación va a ser mi fin. No puedo lidiar con esta enfermedad o con este niño problemático.*

Dios no lo hubiese permitido si no lo pudiera manejar. Pero mientras se diga a sí mismo que es demasiado, se va a convencer. Tenga una nueva perspectiva. Usted está lleno del poder "yo sí puedo" porque es fuerte en el Señor. A lo largo del día, ya sea que esté atascado en el tráfico o enfrentando una gran decepción, su actitud debería ser: *Puedo manejarlo. Puedo manejar a este jefe gruñón. Puedo manejar a estas personas que hablan de mí.* Usted no puede tener una mentalidad débil y de derrota. Tiene que tener una mentalidad de guerrero.

25 DE SEPTIEMBRE

---※---

Él nos da la victoria

¡Pero gracias a Dios, que nos da la victoria
por medio de nuestro Señor Jesucristo!
1 Corintios 15:57

José fue vendido como esclavo por sus hermanos y pasó años en una prisión extranjera por algo que no cometió. No obstante, su actitud fue: *Dios todavía está en el trono. Él no lo habría permitido a menos que tuviera un propósito para ello, así que voy a permanecer en fe y continuar dando lo mejor de mí.* Al final, fue nombrado segundo a cargo de todo Egipto.

A mi madre le diagnosticaron cáncer de hígado terminal en 1981 y le dieron solo unas pocas semanas de vida. Ella pudo haberse desmoronado y decir: "Dios, no es justo". En cambio, su actitud fue: *Soy vencedora. Nada puede arrebatarme de las manos de Dios.* Hoy, mi madre sigue estando fuerte, saludable, llena de gozo y ayudando a otros. Ninguna persona, ninguna adversidad, ninguna enfermedad pueden alejarlo de su destino.

Infundido con fuerza

Todo lo puedo en Cristo
que me fortalece.

Filipenses 4:13 (RVR 1960)

26

DE
SEPTIEMBRE

El apóstol Pablo dijo "Pues todo lo puedo hacer por medio de Cristo, quien me da las fuerzas" (NTV). Él estaba declarando: "El enemigo puede golpearme con su mejor golpe, pero no me va a detener. Soy más que vencedor".

Pablo había sido náufrago, pasado la noche en mar abierto y estado días sin comer. Fue acusado falsamente, golpeado con varas y echado a prisión. Si alguien tuviese una razón para ser negativo y estar amargado, habría sido Pablo. No obstante, su actitud fue: *Puedo manejarlo. El Dios Todopoderoso, el Creador del universo me ha infundido fuerza. Me ha equipado, vestido de poder, ungido, coronado con favor, puso sangre real en mis venas y me llamó a reinar en vida como un rey.*

Un corazón sin angustias

"No se angustien. Confíen en Dios, y confíen también en mí".

JUAN 14:1

Mi padre, en la década de 1950, era el pastor de una gran iglesia denominacional, y su futuro se veía realmente prometedor. Sin embargo, a raíz de una serie de eventos, tuvo que dejar esa iglesia. Fue un revés importante y una gran decepción. Pero no se quedó allí curando sus heridas. Su actitud fue: *Puedo manejarlo. Sé que cuando una puerta se cierra, Dios siempre abre una nueva.* Él y mi madre fueron y fundaron la iglesia Lakewood Church, y aquí estamos hoy, todavía fuertes.

En los tiempos difíciles, tiene que hablarse a sí mismo las cosas correctas. Si no lo hace, sus pensamientos comenzarán a hablarle. Ellos le dirán: "Es demasiado. Esto nunca va a cambiar. No es justo. Si Dios te amara, no habría permitido que esto sucediera".

Edificado sobre la Roca

...para que seáis hijos de vuestro Padre que está en los cielos, que hace salir su sol sobre malos y buenos, y que hace llover sobre justos e injustos.

MATEO 5:45 (RVR 1960)

El hecho de que seamos personas de fe, no nos exime de las dificultades. Jesús contó una parábola sobre una persona que edificó su casa sobre la roca. Este honraba a Dios. Otra persona edificó su casa sobre la arena. No honraba a Dios. La misma tormenta cayó sobre ambos. El viento sopló y la lluvia cayó sobre ambas casas. La diferencia radica en que cuando uno honra a Dios, la tormenta puede venir, pero cuando todo haya pasado, usted seguirá de pie. La otra casa construida sobre la arena es arrastrada por la inundación. El enemigo puede darle su mejor golpe, pero porque su casa está construida sobre la roca, lo mejor del enemigo nunca será suficiente. Usted saldrá de la tormenta más fuerte, bendecido, promovido y mejor de lo que estaba antes.

Apodérese de la fuerza

"¿O forzará alguien mi fortaleza? Haga conmigo paz; sí, haga paz conmigo".
ISAÍAS 27:5 (RVR 1960)

Cuando usted declara: "Puedo manejarlo", se está apoderando de la fuerza. Cuando lo dice, se está fortaleciendo. Por eso la Escritura dice: *"Diga* el débil: Fuerte soy". Escuche lo que se dice a sí mismo. "No soporto este trabajo". "Esta clase es demasiado difícil". "Mi jefe es el peor". Si siempre está hablando de sus problemas, lo van a consumir. Cuando habla derrota, la fuerza y la energía se van.

No permita que tales cosas lo abrumen. Usted no es una víctima. Usted es un vencedor. Si las dificultades sobrevienen, está listo para recibirlas como su rival. Si permanece de acuerdo con Dios, Él tomará aquello que fue diseñado para dañarlo y lo tornará a su favor. Esa dificultad no lo derrotará; sino que lo va a promover.

Será promovido

*Con Dios obtendremos la victoria; ¡él
pisoteará a nuestros enemigos!*
SALMO 108:13

Leí acerca de un hombre de negocios que
había trabajado por más de treinta años
para una gran empresa dedicada a mejoras de
hogar. Él ayudó a construir esa empresa desde
las bases. Sin embargo, cierto día decidieron
que ya no lo necesitaban. Por supuesto, se sintió
decepcionado, pero tuvo esta actitud: *Esto no
me va a derrotar. Esto me va a promover.*

En los tiempos difíciles tiene que recordarse
a sí mismo que no hay nada que sorprenda a
Dios. Cada día de su vida ya ha sido escrito en
su libro. Si mantiene su fe, su libro terminará
en victoria. Este ejecutivo juntó algunos de sus
amigos, y comenzaron su propia compañía:
"The Home Depot". ¿Qué estoy tratando de
decir? Esa dificultad no tiene el propósito de
destruirlo, sino de promoverlo.

1 de octubre

En el horno

"¡Mira! Te he refinado pero no como a la plata;
te he probado en el horno de la aflicción".

ISAÍAS 48:10

El hecho es que Dios no nos va a librar de cada dificultad. No nos va a guardar de cada desafío. Si lo hiciera, no creceríamos. Cuando se encuentre en un tiempo difícil, tómelo como una oportunidad para mostrarle a Dios de qué está hecho. Cualquiera puede volverse negativo, amargado y culpar a Dios. Es fácil perder la pasión. Pero si quiere pasar la prueba, si desea que Dios lo lleve a un nuevo nivel, no puede ser un debilucho. Usted tiene que ser un guerrero.

Párese firme y declare juntamente con Pablo: "Puedo manejarlo. Estoy listo. Puedo hacerle frente. Sé que Dios todavía está sentado en el trono. Él está luchando mis batallas, y del otro lado de esta dificultad hay un nuevo nivel en mi destino".

Haga lo correcto

Y todo lo que hagan, de palabra o de obra, háganlo en el nombre del Señor Jesús, dando gracias a Dios el Padre por medio de él.
COLOSENSES 3:17

Quizá no esté recibiendo un buen trato en la oficina. No requiere nada de fe ir a trabajar pesimista, desanimado y quejándose. Si quiere pasar la prueba, tiene que ir a trabajar con una actitud positiva y hacer más de lo que se le requiera. En su hogar, tal vez su cónyuge no lo está tratando de la manera que debería. Es fácil pensar: *Lo voy a tratar de la misma manera en que me trata.* No obstante, si quiere pasar la prueba, tiene que ser bueno con la gente aun cuando no estén siendo buenos con usted.

Tiene que hacer lo correcto incluso cuando esté sucediendo lo incorrecto. Véalo como una oportunidad para crecer. Cada vez que haga lo correcto, vendrá una bendición. Cuando escoja el buen camino, siempre habrá una recompensa.

Vístase con la nueva naturaleza

*...y se han puesto el de la
nueva naturaleza, que se va
renovando en conocimiento
a imagen de su Creador.*
COLOSENSES 3:10

A menudo, cometemos el error de decirnos a nosotros mismo: "No es justo. Cuando ellos cambien, cuando la situación mejore, entonces tendré una mejor actitud". Usted tiene que dar el primer paso. Haga su parte, y Dios hará la suya. Deje de preocuparse de que Dios cambie a la otra persona, y primero permita que Dios lo cambie a usted.

¿Existe algo que esté permitiendo que lo abrume? Por qué no se levanta cada mañana y hace esta sencilla declaración: "Dios, quiero agradecerte porque podré manejar cualquier situación que se me presente hoy. Puedo manejar que mis planes no resulten como quiero. Señor, gracias porque tendré una buena actitud adondequiera que esté". Decida con anticipación.

4 DE OCTUBRE

Un espíritu sereno

Si tu jefe se enoja contigo,
¡no renuncies a tu puesto!
Un espíritu sereno puede
superar grandes errores.
ECLESIASTÉS 10:4 (NTV)

A menudo en la vida, permitimos que aquello que creemos que es injusto inmediatamente nos ofenda. Necesitamos comenzar a creer que estamos vestidos de poder y listos para enfrentar cualquier cosa.

Amigo, Dios está en total control. No tiene que molestarse cuando las cosas no salen como usted quiere. Usted tiene el poder de permanecer calmado. Puede manejar cualquier situación. Deje de permitir que las cosas pequeñas roben su gozo. Cada día es un regalo de Dios. La vida es demasiado corta para vivirla pesimista, ofendido, amargado y desanimado. Comience a creer que Dios está guiando sus pasos. Crea que Él está en control de su vida. Crea que Dios tiene soluciones a problemas que usted ni siquiera ha tenido. Si mantiene la calma y permanece en fe, Dios prometió que todas las cosas le ayudarán a bien.

Las cosas no se le pegarán

Ahora conozco que Jehová salva a su ungido; lo oirá desde sus santos cielos con la potencia salvadora de su diestra.

SALMO 20:6 (RVR 1960)

Todos hemos visto cómo una araña teje su telaraña, la cual está llena de una sustancia pegajosa, de modo que cuando otro insecto entra en contacto con esta, se queda pegado. Entonces, ¿cómo la araña que está tejiendo esa red pegajosa puede caminar sobre ella sin quedarse pegada? Dios hizo a la araña para que libere un aceite especial que fluye por sus patas. De ese modo, puede simplemente deslizarse por la red. Podría decirse que la araña no se queda pegada a causa de la unción que hay en su vida.

De manera similar, Dios ha puesto una unción en su vida. Es semejante al aceite que hace que las cosas no se queden pegadas. Cuando camina en su unción, sabiendo que puede enfrentar cualquier situación que se le presente, las cosas que deberían derribarlo no podrán lograrlo.

6 DE OCTUBRE

---※---

Equipado y facultado

Hubiera yo desmayado, si no creyese que veré la
bondad de Jehová en la tierra de los vivientes.
Salmo 27:13 (RVR 1960)

Quizá se pregunte cómo logró pasar por esa
temporada baja en el trabajo, por esa enfermedad o por ese rompimiento. Fue a causa de
la unción que Dios ha depositado en su vida. Él
le dio la fuerza cuando no pensaba que podía
seguir adelante. Él le dio el gozo cuando debería haber estado desanimado. Abrió un camino cuando parecía imposible.

Conclusión: Dios ha infundido fuerzas en
usted. Lo ha equipado y facultado. Usted está
listo y es rival para cualquier cosa que se cruce
en su camino. Cuando enfrente dificultades, recuérdese a sí mismo: "Estoy ungido para esto.
No voy a desmoronarme. No voy a empezar
a quejarme. Sé que Dios todavía está sentado
en su trono. Él está peleando mis batallas, y
si Dios está conmigo, ¿quién se atreverá a hacerme frente?".

❖

Usted puede hacerlo

"Subamos a conquistar esa tierra. Estoy
seguro de que podremos hacerlo".
Números 13:30

Un amigo mío tuvo cáncer en tres ocasiones. Nunca lo escuché quejarse. Tiene una mentalidad de guerrero. Cuando el cáncer regresó por tercera vez, los doctores le dijeron que antes de que se sometiera a quimioterapia, iban a cultivar sus glóbulos blancos para ayudar a restaurar su sistema inmunológico después del tratamiento. Les preguntó a los doctores cuántas células necesitaban. Le dieron una cifra. Él les dijo: "Les voy a dar el doble de lo que necesitan". Durante los meses siguientes, a lo largo del día repetía: "Padre, gracias porque mis glóbulos blancos se están multiplicando. Se están fortaleciendo, incrementando". Finalmente, les dio cuatro veces la cantidad que estaban esperando. Hoy está libre del cáncer, saludable y fuerte.

En nada intimidado

Y en nada intimidados
por los que se oponen...
FILIPENSES 1:28 (RVR 1960)

8
DE OCTUBRE

No se deje intimidar por ese problema financiero. No se intimide por el cáncer. No es rival para usted. La enfermedad no puede separarlo de su destino. Dios lo tiene en la palma de su mano y nada lo puede arrebatar de allí. Si no es su hora de partir, no se va a morir. No se deje intimidar por lo que alguien diga sobre usted. Hay una unción en su vida que lo sella, lo protege, lo habilita y le da poder. Dios le ha infundido fuerzas. La Escritura lo llama "su gran poder que actúa en nosotros".

Hay una fuerza depositada en usted que es más poderosa que cualquier oposición. Mayor es aquel que está en usted que aquello que se levante en su contra. Cuando tiene esta mentalidad de guerrero, esta actitud de "puedo manejarlo", todas las fuerzas de oscuridad no podrán desviarlo de su destino.

Sea fuerte

"Sean fuertes y valientes. No teman ni se asusten ante esas naciones, pues el Señor su Dios siempre los acompañará; nunca los dejará ni los abandonará".

DEUTERONOMIO 31:6

Cuando nuestros niños eran chicos, estábamos en la playa en una ocasión cuando un abejorro vino volando y asustó a nuestra hija. Espanté al abejorro para que se fuera, pero treinta segundos después, estaba de regreso. Tomé mi toalla y lo golpeé contra la arena; sin embargo, un minuto después, allí estaba de nuevo volando sobre nuestras cabezas. Esta vez, tomé mi zapatilla deportiva y lo aplasté en la arena tan fuerte como pude. Para mi sorpresa, se volvió a levantar y a zumbar alrededor de mi cabeza por lo menos tres veces. En ese punto, sentí que merecía vivir. Él ganó.

Esta es la manera en que usted necesita verse a sí mismo. Sin importar cuán grande ese enemigo pueda parecer, solo sea como ese abejorro: rehúsese a caer en la autocompasión, rehúsese a quedar abrumado, rehúsese a rendirse.

Mejor que nunca

*Es él quien me arma de valor
y endereza mi camino…*
Salmo 18:32

Algunas veces en la vida se siente como si nos hubiesen tomado por sorpresa. Esa relación no funcionó. El negocio se va a pique. Quizá sea una sorpresa para nosotros, pero no lo es para Dios. No se quede allí sentado curando sus heridas. Simplemente continúe dando lo mejor de usted. Siga honrando a Dios. Él ya le ha dado la fuerza, la sabiduría, el favor y la determinación no solo para pasar al otro lado, sino para salir mejor de lo que estaba.

Recuerde, usted puede manejarlo. Apodérese de esta fuerza. Recuérdese a sí mismo: "Estoy listo y soy rival para cualquier situación que se cruce en mi camino. Soy fuerte". Si hace esto, Dios promete que le infundirá fuerzas. Vencerá cada obstáculo, derrotará a cada enemigo y vivirá la vida victoriosa que le pertenece.

Unción divina

"...cómo lo ungió Dios
con el Espíritu Santo y
con poder, y cómo anduvo
haciendo el bien y sanando
a todos los que estaban
oprimidos por el diablo...".

HECHOS 10:38

No tenemos que ir por la vida haciendo todo por nuestra cuenta, tratando de cumplir nuestros sueños con nuestras propias fuerzas, nuestro propio intelecto y nuestro propio trabajo. Tenemos una ventaja. Dios ha depositado su unción sobre usted. La unción es un apoderamiento divino. Lo faculta para hacer lo que usted no podría hacer por sí mismo. Lo llevará a cumplir sueños aunque no tenga el talento. Lo ayudará a vencer obstáculos que parecían infranqueables.

La unción solamente se activa donde hay fe. En vez de quejarse sobre cómo va a resultar o sobre cómo nunca va a poder cumplir sus sueños, atrévase a declarar: "Estoy ungido. Estoy equipado. Tengo poder. Soy capaz".

12 de octubre

Aceite fresco

Pero tú aumentarás mis fuerzas como las del búfalo; seré ungido con aceite fresco.

Salmo 92:10 (RVR 1960)

Escuché una vez decir: "La unción para nosotros es como la gasolina para un coche". Puede tener el coche más costoso, pero si no le carga gasolina, no podrá avanzar hacia ninguna parte. De igual modo, usted fue creado a imagen y semejanza del Dios Todopoderoso. Está lleno de un potencial increíble. El combustible que necesita para librar su grandeza, para vencer los obstáculos y para cumplir sus sueños es la unción sobre su vida.

Él ya lo ha equipado y dado poder para cada situación. Cuando habla palabras de victoria: "Todo lo puedo en Cristo. Soy fuerte en el Señor", le está agregando combustible a su coche. Está avivando su unción. Es en ese momento que irá a lugares a los que no podía ir por sí mismo. Es lo que hace que continúe avanzando.

Rompa todo yugo

*…su carga será quitada de tu hombro,
y su yugo de tu cerviz, y el yugo se
pudrirá a causa de la unción.*

Isaías 10:27 (RVR 1960)

Quizá esté tratando con una enfermedad que sobrevino de manera inesperada. Podría dejarse abrumar y quejarse: "No puedo creer que me esté pasando esto". En cambio, lo animo a que tenga una nueva perspectiva. Esa enfermedad no es sorpresa para Dios. No tomó a Dios desprevenido. Él ya lo ha ungido. Usted tiene la fuerza, la paz, la determinación y la confianza que necesita. Usted está ungido. Las fuerzas que están a su favor son mayores que aquellas en su contra. En esos momentos difíciles, tiene que declarar lo que Isaías afirmó: "El yugo se pudrirá a causa de la unción". "La unción es mayor que esta depresión". "La unción me vuelve vencedor". Cada vez que declara: "Soy ungido", las cadenas son rotas. El temor tiene que huir. La depresión se tiene que ir. La sanidad, la fuerza y la fe se abren paso.

Sea paciente

Samuel tomó el cuerno de aceite y ungió al joven en presencia de sus hermanos. Entonces el Espíritu del Señor vino con poder sobre David, y desde ese día estuvo con él.

1 Samuel 16:13

Cuando David era un adolescente, el profeta Samuel lo ungió para ser el próximo rey de Israel. Resulta interesante que después de que Samuel derramó del aceite de la unción sobre su cabeza, envió a David de vuelta a los campos de pastoreo para cuidar de las ovejas. David vivió como pastor de ovejas durante años aunque tenía la unción de rey.

Así como sucedió con David, aunque usted haya sido ungido, en el camino a su destino habrá tiempos de prueba, tiempos de esperar en los que tendrá que ser paciente y seguir haciendo lo correcto, momentos en los que no ve que nada suceda. Usted debe mantenerse en fe y seguir creyendo. *Mi tiempo viene. Quizá no vea cómo pueda suceder, pero tengo un arma secreta. La unción está en mi vida.*

Una unción real

> *...mucho más reinarán*
> *en vida por uno solo,*
> *Jesucristo, los que reciben*
> *la abundancia de la gracia*
> *y del don de la justicia.*
> Romanos 5:17 (RVR 1960)

La Escritura nos dice que cada uno de nosotros tiene la unción de un rey, la unción de una reina. Esto significa vivir una vida abundante, cumplir los sueños dados por Dios, dejar su marca en esta generación.

Quizá piense que no tiene la habilidad, el talento o la experiencia para cumplir el propósito de su corazón; eso está bien. La unción sobre su vida compensará aquello que usted no tenga. Puede ser menos talentoso, pero con la unción llegará más lejos que las personas que tienen más talento. No se trata solo sobre su intelecto, su conocimiento o su experiencia lo que va a determinar qué tan lejos va a llegar. El hecho es que el Dios Todopoderoso está soplando en su vida. La unción va a causar que usted logre sueños que nunca podría llegar a cumplir por sus fuerzas.

Usted no es "solo" alguien

*"Los guerreros de Israel
desaparecieron; desaparecieron
hasta que yo me levanté. ¡Yo,
Débora, me levanté como
una madre en Israel!".*

Jueces 5:7

En el libro de Jueces, uno de los libertadores de Israel fue Débora, quien se describe a sí misma como "una madre en Israel". Esto fue significativo. Estaba diciendo que no tenía una posición impresionante, un título, influencia o prestigio. Ella era una madre criando a sus niños. En aquellos días, las mujeres no tenían los papeles de liderazgo que tienen hoy. Débora podría haber sido considerada "solo una madre".

¡Pero puedo decirle que, al igual que Débora, usted no es "solo" alguien! Usted es hijo del Dios Altísimo. La gente puede decirle: "Usted no tiene el talento, la capacitación, el puesto o la inteligencia". Lo que no pueden ver es que Dios ha puesto una unción sobre usted que sobrepasa todo eso, algo que lo lleva a romper barreras, a destacarse, a cumplir sueños, a hacer lo que no podía hacer.

Fue la unción

"¡Despierta, despierta, Débora!
¡Despierta, despierta, y
entona una canción!".

JUECES 5:12

La Escritura dice que Israel había sido sometida a cautiverio durante veinte años. Parecía como si siempre fuera a ser así, hasta que Débora, una madre en Israel, se levantó. Dios puso un sueño en el corazón de Débora para poder hacer algo al respecto. Ella podría haber dicho: "Dios, solo soy una madre criando a mi hijo. Nadie me va a escuchar. No tengo un ejército que me respalde".

No obstante, Débora supo comprender este principio. Ella sabía que Dios había puesto algo en ella que la ayudaría a destacarse. Débora dio un paso de fe, y otras personas comenzaron a tomar parte. No pasó mucho tiempo hasta que el ejército del enemigo fue derrotado y el orden restaurado. La nación recuperó la calma y la paz. ¿Cómo pudo esta madre afectar a toda una nación? Fue a causa de la unción sobre su vida.

18 DE OCTUBRE

Ha recibido la unción

Todos ustedes, en cambio, han recibido unción del Santo, de manera que conocen la verdad.

1 Juan 2:20

Estoy completamente a favor de que uno reciba la mejor educación posible, desarrolle sus talentos y mejore sus habilidades, pero usted no se encuentra limitado a sus propias capacidades, su educación, su intelecto o su propia experiencia. Eso lo llevará hasta un cierto nivel, pero para alcanzar su máximo potencial, usted necesita la unción sobre su vida.

Deje de poner excusas sobre lo que no puede hacer. "Soy solo una mamá". ¡Una madre con la unción es más poderosa que un director general sin ella! "Soy solo un estudiante". "Solo soy un contador. No puedo hacer nada grandioso". ¿Por qué no? Débora, una madre, cambió a toda su nación. Puedo decirle de primera mano, yo no soy la persona más talentosa, no tengo la mayor experiencia, la mayor capacitación o la mayor preparación, pero sí tengo la unción. También usted.

Tiene lo que se necesita

*En cuanto a ustedes, la unción que de él
recibieron permanece en ustedes, y no necesitan
que nadie les enseñe. Esa unción es auténtica
'no es falsa' y les enseña todas las cosas.
Permanezcan en él, tal y como él les enseñó.*

1 Juan 2:27

Cuando mi padre partió con el Señor, tomé el desafío de pastorear la iglesia aunque nunca había ministrado antes. Todas las voces me decían: "No eres un ministro. No vas a saber qué decir. Nadie te va a escuchar". En vez de permanecer en esos pensamientos, me veía en el espejo y me decía: "Joel, has sido ungido. Este es tu tiempo. Has nacido para un momento como este". Estaba avivando la unción.

Siempre habrá voces negativas que tratarán de alejarlo de sus sueños, pero déjeme animarlo. Usted es el hombre o la mujer para el trabajo. Usted tiene lo que se necesita. Ha sido ungido. Ha sido acepto. Tiene suficiente talento. Es lo suficientemente fuerte. Usted y Dios son mayoría.

Viva con expectativas

Pero yo, Señor, en ti confío, y digo: "Tú eres mi Dios". Mi vida entera está en tus manos
Salmo 31:14-15

20
DE OCTUBRE

David pasó años pastoreando a las ovejas, pero nunca se olvidó que tenía la unción de un rey. Pudo haber sido fácil para él pensar: *Samuel me ungió, pero debió haberse equivocado.* No; cada día se repetía a sí mismo: "Estoy ungido. Mi tiempo se acerca. Voy a marcar una diferencia con mi vida".

Dios ve lo que usted hace y escucha lo que dice. Cada día que usted viva con fe, con expectativas, está un día más cerca de que sus sueños se cumplan. Dios conoce cuando es el tiempo correcto. Si no ha sucedido aún, significa que todavía está en camino. Dios lo está preparando. Usted está creciendo. Se está fortaleciendo. Lo que Dios tiene en su futuro va a ser mayor que cualquier cosa que haya visto en el pasado.

A su tiempo

*No nos cansemos, pues, de
hacer bien; porque a su tiempo
segaremos, si no desmayamos.*

GÁLATAS 6:9 (RVR 1960)

Pablo dijo que su debido tiempo está en
camino. Usted va a entrar en esa unción de
rey, en esa unción de reina. Apenas está comenzando. Los propósitos que Dios tiene para su
vida son mucho más grandes que los suyos. Si
Él lo hubiera hecho antes, no habría estado preparado. Ahora es su tiempo. Está a punto de
entrar en aquello para lo cual fue creado. Va a
entrar en un nuevo nivel de su destino. Las decepciones, los retrasos y los obstáculos del pasado eran parte del plan para prepararlo para
este momento. Nada fue desperdiciado. Lo fortaleció. Desarrolló confianza, resistencia y seguridad. Ahora usted está preparado para este
tiempo. Está en la pista a punto de despegar.
¡Usted va a ver la supereminente grandeza del
favor de Dios!

En el palacio

Entonces Saúl envió unos
mensajeros a Isaí para decirle:
"Mándame a tu hijo David,
el que cuida del rebaño".
1 Samuel 16:19

David se encontraba pastoreando las ovejas. No parecía que algo distinto fuera a suceder, pero el rey Saúl envió un mensaje que decía: "Mándame a tu hijo David. Lo necesito en el palacio". David comenzó a trabajar para Saúl. Ese fue otro paso camino a su destino. No estaba todavía en el trono, pero por lo menos llegó al palacio.

Quizá usted hoy se sienta como que todavía está con las ovejas, haciendo algo que parecería insignificante. Usted sabe que tiene más para ofrecer, pero ha estado en el fondo año tras año. No se desanime. Su tiempo se acerca. Dios lo va a llevar del fondo al frente. Usted tiene la unción de un rey. La victoria viene en camino. La promoción se acerca. Aquello que Dios ha hablado sobre su vida se cumplirá.

Mucho más abundantemente

"…romper las cadenas de injusticia y desatar las correas del yugo, poner en libertad a los oprimidos y romper toda atadura…".

Isaías 58:6

En una ocasión, una madre soltera me contó acerca de lo mucho que batallaba para llegar a fin de mes. Tenía que trabajar en dos empleos por largas horas. Pero en el fondo sabía que había sido hecha para más que estar constantemente batallando, no teniendo lo suficiente y separada de sus niños por tanto tiempo. Seguía recordándose a sí misma que la unción puede romper el yugo de pobreza y escasez.

En cierta ocasión, una pareja que vivía a una calle de distancia, y a quienes había visto solo una vez, la invitó a cenar. Esa noche le entregaron las llaves de un coche nuevo. Ella pudo vender el suyo y pagar la mayoría de sus deudas. Después me enteré de que se casó con un ejecutivo de una empresa grande. Dios los ha bendecido mucho más abundantemente de que lo habían imaginado.

24 de octubre

Desbordante

Me honras ungiendo mi cabeza con aceite.
Mi copa se desborda de bendiciones.

Salmo 23:5 (NTV)

David dijo: "Me honras ungiendo mi cabeza con aceite". Y continuó diciendo: "Mi copa se desborda de bendiciones". Cuando camina en su unción, sabiendo quién es y a quién le pertenece, en cierto punto su copa se desbordará. Verá a Dios derramar bendiciones que no será capaz de contener. No se atreva a conformarse con las ovejas en los campos de pastoreo. El palacio está llegando.

Amigo, usted no fue creado para apenas sobrevivir, para recibir las sobras o para vivir en los campos de pastoreo. Usted fue creado para obtener la victoria, abundancia, para estar en el palacio. El mismo Dios que bendijo con abundancia a la madre soltera lo puede prosperar a usted también. La unción sobre su vida hará que halle gracia delante de las personas. Hará que se encuentre en el lugar correcto en el tiempo oportuno, trayendo favor, promoción y abundancia.

Las puertas se abrirán

Así que David llegó a donde estaba Saúl y quedó a su servicio. Saúl llegó a apreciar mucho a David, y el joven se convirtió en su escudero.

1 Samuel 16:21 (NTV)

David se encontraba en el palacio tocando el arpa para el rey Saúl. Se suponía que sería un puesto temporal, pero David era tan bueno en lo que hacía, que el rey Saúl creó un nuevo puesto para David. Se convirtió en escudero. Si usted da lo mejor de sí en el lugar donde está y se destaca en lo que hace, las puertas correctas se abrirán para usted. Quizá no haya lugar para una promoción en su trabajo, pero sus dones le abrirán una oportunidad. Si no hay un puesto disponible, Dios puede hacer que sus empleadores generen un nuevo puesto. Tal vez usted esté trabajando a medio tiempo, creyendo por un incremento en su trabajo. Necesita prepararse. Al igual que David, usted va a estar a tiempo completo. Ha permanecido fiel y no se volvió perezoso. Usted va a entrar en esa unción de rey.

Una unción fresca

Entonces los habitantes de Judá fueron a Hebrón, y allí ungieron a David como rey de su tribu.

2 Samuel 2:4

Cuando el rey Saúl fue muerto en batalla, llegó el tiempo de David. Tenía treinta años y estaba a punto de ascender al trono. En ese tiempo, la nación de Israel estaba dividida en dos reinos: Judá e Israel. Primero, Judá ungió a David como rey de su tribu. Él sirvió allí siete años y medio, luego unió a los dos reinos. Cuando David tenía treinta y siete años, los hombres de Israel se unieron a los hombres de Judá y ungieron a David nuevamente para que fuera el rey sobre todo Israel.

Lo interesante es que David fue ungido en su adolescencia para llegar a ser rey. Él podría haber rechazado que lo vuelvan a ungir las veces subsiguientes. Sin embargo, David entendió la importancia de tener una unción fresca. Usted no podrá ganar las batallas de hoy con la unción de ayer. Necesita tener una unción fresca.

La clave del éxito

Así pues, todos los ancianos de Israel fueron a Hebrón para hablar con el rey David…Después de eso, ungieron a David para que fuera rey sobre Israel.

2 Samuel 5:3

Si David hubiera tomado el trono sin una unción fresca, no habría tenido el éxito que tuvo. Cuando se humilla y dice: "Dios, no puedo hacer esto en mis propias fuerzas. Necesito tu ayuda. Necesito una unción fresca", está demostrando su dependencia de Él. Cuando reconoce a Dios de esa manera, Él le dará sabiduría más allá de sus años.

Cada vez que usted comience un nuevo trabajo, un nuevo puesto o un nuevo curso, siempre pida esa fresca unción. De esa manera está diciendo: "Dios, estoy listo para nuevas oportunidades, nuevas habilidades, nuevas amistades y nuevas ideas".

Reciba poder

*Por lo demás, hermanos
míos, fortaleceos en el Señor,
y en el poder de su fuerza.*
EFESIOS 6:10 (RVR 1960)

Con frecuencia tratamos de hacer cosas en nuestras propias fuerzas. Nos cansamos de batallar. No obtenemos ninguna promoción ni incremento. La razón por la que las cosas se añejan y simplemente soportamos nuestro matrimonio, nuestro trabajo y nos arrastramos a lo largo del día es porque no estamos avivando la unción.

Creo que hoy Dios está librando una unción fresca en su vida. Va a poder ver que las situaciones negativas se tornan positivas. Cadenas de adicciones y malos hábitos se rompen. Vienen en camino la sanidad, la promoción y la restauración. Usted va a entrar en la plenitud de su destino. Cada mañana recuérdese: "Estoy ungido. Estoy equipado. Tengo poder". Recuerde siempre pedir esa unción fresca. Si hace esto, creo y declaro, al igual que David, que llegará al trono y que entrará en la plenitud de su destino.

En el tiempo establecido

Y así, después de esperar con paciencia, Abraham recibió lo que se le había prometido.

HEBREOS 6:15

En la vida, siempre estamos esperando algo: esperamos que se cumpla un sueño, conocer a la persona indicada, que un problema se resuelva. Cuando no sucede tan rápido como nos gustaría, nos frustramos con facilidad. Sin embargo, tiene que darse cuenta de que desde el momento en que usted oró, Dios estableció un tiempo específico para que se cumpla la promesa de sanidad, de promoción y de victoria. Puede ser mañana, o la próxima semana o dentro de cinco años.

No obstante, cuando comprende que el tiempo ya ha sido establecido, se levanta toda la presión. No vivirá preocupado, preguntándose si alguna vez va a suceder. Se relajará y disfrutará de la vida, sabiendo que el cumplimiento de la promesa ya ha sido programado por el Creador del universo.

30 DE OCTUBRE

Esté dispuesto a esperar

"Tan pronto como empezaste a orar, Dios contestó tu oración. He venido a decírtelo porque tú eres muy apreciado".

Daniel 9:23

Quizá haya estado orando por una situación durante largo tiempo y no ve que suceda nada. Podría fácilmente desanimarse. Pero ¿qué pasaría si Dios le permitiera ver su futuro, y viera que el 12 de febrero a las 2:33 de la tarde, usted fuera a conocer a la persona de sus sueños? No estaría desanimado, sino emocionado porque sabe que el gran día se acerca.

Aquí es donde entra la fe. Dios promete que hay tiempos establecidos en nuestro futuro, pero no nos dice cuándo van a ser. Su tiempo señalado quizá sea mañana a la mañana o dentro de dos años. ¿Está dispuesto a esperar con una buena actitud, sabiendo que el tiempo se acerca? Dios tiene un tiempo señalado. No permita que los pensamientos negativos lo convenzan de lo contrario.

31 DE OCTUBRE

Entre en el reposo

En tal reposo entramos los que somos creyentes...
HEBREOS 4:3

El 8 de enero de 1986, a las cuatro de la tarde, entré a una joyería para comprar una batería para mi reloj. Allí me crucé con la mujer más hermosa que jamás había visto. Era Victoria. No se lo dije, pero pensé: *Este es el tiempo señalado ordenado por el Dios Altísimo.*

Del mismo modo, existen tiempos establecidos en su futuro. Ha orado, creído y permanecido en fe. La manera para saber que realmente está creyendo es entrando en el reposo. Manteniendo la paz. Déjeme asegurarle que va a entrar en los tiempos establecidos de favor, un tiempo establecido en el cual un problema de pronto se resuelve, un tiempo establecido en el que conozca a la persona indicada, un tiempo señalado en el que una buena oportunidad lo impulse muchos años. La respuesta está en camino.

El tiempo señalado

Aunque la visión tardará aún por un tiempo, mas se apresura hacia el fin, y no mentirá; aunque tardare, espéralo, porque sin duda vendrá…

HABACUC 2:3

1

DE
NOVIEMBRE

Habacuc no dijo "el tiempo señalado podría llegar". Tampoco "Espero que llegue". Dios ya ha establecido la hora. El tiempo señalado ya ha sido puesto en su calendario. Otra versión dice: "se realizará en el tiempo señalado".

Solemos pensar: *Mis amigos van más adelantados en la vida que yo. Mis compañeros de trabajo ya fueron promovidos, pero yo sigo estancado aquí.* No se desanime. A veces Dios lo lleva de A a B a C, y luego lo impulsa hasta la S, T, U, V. ¿Qué sucedió? Usted llegó a un tiempo señalado que lo hizo avanzar varios años. Solo corra su carrera. Continúe honrando a Dios con su vida. Nuestro Dios no es un Dios aleatorio. Él es un Dios preciso. Tiene soluciones sincronizadas al segundo.

El tiempo preciso

*El corazón del hombre
traza su rumbo, pero sus
pasos los dirige el Señor.*

PROVERBIOS 16:9

2 DE NOVIEMBRE

Conozco a una joven de treinta años quien estaba creyendo por conocer al hombre correcto, pero comenzaba a preguntarse si algún día sucedería. Un día, pinchó una rueda y se estacionó a un lado de la autopista. Unos segundos después, otro coche se detuvo. Descendió un joven apuesto quien no solo cambió la rueda, sino que la invitó a cenar. Terminaron enamorándose. Un año y medio después, se casaron.

Piense en cuán preciso es el tiempo de Dios. La rueda tuvo que haberse pinchado y él tuvo que haber salido del trabajo en el momento justo y estado en la ruta correcta con el flujo adecuado de tráfico. Ese fue el tiempo señalado ordenado por el Creador del universo.

Detallado a la perfección

Pon tu esperanza en el Señor;
ten valor, cobra ánimo; ¡pon
tu esperanza en el Señor!
SALMO 27:14

Usted puede confiar en el tiempo de Dios. Aquello por lo que está orando y por lo que está creyendo se cumplirá sin retraso alguno. Si no ha sucedido aún, no significa que nunca sucederá. Dios ya ha establecido el tiempo hasta el último segundo. No tiene que preocuparse o vivir frustrado. Manténgase en paz. Dios tiene su vida en la palma de sus manos. Sus pasos son guiados por el Creador del universo; no de manera aleatoria, ni de forma aproximada; sino hasta el detalle más fino y pequeño.

Cuando comprende esta verdad, toda la presión es removida. No va a ir por allí preguntándose cuándo va a suceder. Sea que vaya a suceder en veinte minutos o en veinte años, tiene la confianza de que aquello que Dios ha prometido, lo cumplirá.

Confíe en su tiempo

Porque para todo lo que quisieres hay tiempo y juicio; porque el mal del hombre es grande sobre él.
ECLESIASTÉS 8:6 (RVR 1960)

Una gran oración que deberíamos hacer todos los días es: "Dios, concédeme la gracia para aceptar tu tiempo". Me encantaría decirle que si permanece en fe, si cree, Dios le dará la respuesta a sus oraciones en veinticuatro horas o dentro de la primera semana. Pero sabemos que esa no es la realidad. Dios promete que será fiel a su Palabra, pero nunca establece un margen de tiempo para ello. Sería mucho más fácil si Dios nos dijera cuándo nos vamos a recuperar, cuándo conoceremos a la persona indicada o cuándo nuestro hijo va a enderezarse. Sin embargo, eso no requeriría nada de fe. Se necesita fe para decir: "Dios, no sé *cuándo* lo vas a hacer, pero confío en ti lo suficiente como para creer que tú la *harás*".

El panorama completo

*"Mis caminos y mis pensamientos son
más altos que los de ustedes; ¡más altos
que los cielos sobre la tierra!".*

ISAÍAS 55:9

Dios puede ver todo el panorama de nuestra vida. Él sabe lo que viene por delante. Sabe lo que vamos a necesitar, a quién vamos a necesitar y cuándo necesita aparecer. Si Dios hiciera todo lo que le pedimos según nuestro programa, nos limitaría, porque a veces lo que pedimos es demasiado pequeño. A veces, la persona que pensamos que sin la cual no vamos a poder vivir no va a ser buena para nosotros, así que Dios cierra la puerta. Dios sabe que si nos diera esa promoción que tanto queremos en este momento nos detendría de una promoción mucho mayor que Él tiene preparada para nosotros dentro de tres años.

Dios tiene la ventaja de verlo todo. ¿Cuántas veces he mirado hacia atrás y dicho: "Dios, gracias por no haber respondido esa oración"? Dios sabe lo que hace.

Fe y esperanza

*…imiten a quienes por su fe y
paciencia heredan las promesas.*
HEBREOS 6:12

Vivimos en una sociedad que quiere todo ahora mismo. Hemos sido programados para la inmediatez. No me haga esperar. Es fácil tener fe: "Dios, creo que voy a cumplir mis sueños. Dios creo que voy a vencer este obstáculo". Tenemos la parte de la fe dominada.

Asegurémonos de dominar también la parte de la paciencia. "Dios, no solamente voy a creer por grandes cosas, sino que confío en tu tiempo. No me voy a desanimar si no sucede de inmediato. No me voy a rendir porque se está llevando una semana, un mes o cinco años. Sé que el tiempo señalado ya está en mi futuro, así que voy a esperar con fe y paciencia porque sé que viene en camino".

Aquello que no vemos

Ahora no entiendes lo que estoy haciendo 'le respondió Jesús', pero lo entenderás más tarde.
JUAN 13:7

Cuando Victoria quedó embarazada de nuestro hijo, Jonathan, los primeros meses fueron realmente emocionantes. Sin embargo, para el octavo mes, la escuchábamos decir: "Me siento tan incómoda. Quiero tener a este bebé ahora mismo". Pero sabíamos que el niño estaba todavía creciendo, desarrollándose. Si Dios le hubiera permitido tener el bebé antes de tiempo, el niño podría no nacer saludable.

A veces oramos: "Dios, dame esta promesa ahora mismo. Estoy incómodo. Estas personas no me están tratando bien. El negocio no está creciendo". Lo que no podemos ver es que algo aún no está listo. Quizá Dios esté todavía obrando en otra persona que va a involucrarse. Tal vez otra situación que va a formar parte de su destino todavía no esté en su lugar. O probablemente Dios esté haciendo una obra en usted, desarrollando su carácter, volviéndolo más fuerte en ese proceso.

En las manos de Dios

…Dios no los guió por…la ruta más corta a la Tierra Prometida. Dios dijo: "Si los israelitas llegaran a enfrentar una batalla, podrían cambiar de parecer y regresar a Egipto…".
ÉXODO 13:17 (NTV)

Dios podía ver el panorama completo para los israelitas. Él sabía que si los llevaba por el camino más corto, sus enemigos serían demasiado poderosos y los derrotarían. Así que a propósito, Dios los llevó por una ruta más larga, a fin de protegerlos y fortalecerlos de modo que pudieran cumplir con su destino.

Si algo no está sucediendo de acuerdo con sus tiempos, recuérdese a sí mismo: "Dios sabe lo que está haciendo. Él tiene mis mejores intereses en su corazón. No estaría pasando este tiempo a menos que Dios tuviera una buena razón para ello". Y mientras se encuentre esperando, no cometa el error de dilucidar todo. Eso solamente lo va a frustrar. Entrégueselo todo a Dios.

Los propósitos
de Dios

Pero Sara se dio cuenta de
que el hijo que Agar la egipcia
le había dado a Abraham
se burlaba de su hijo Isaac.
GÉNESIS 21:9

Dios les prometió a Abraham y a Sara que
tendrían un hijo, pero los años transcu-
rrían y nada sucedía; así que trataron de ayudar
a Dios. Sara hizo que Abraham durmiera con
una de sus siervas, y ellos tuvieron un bebé
cuyo nombre fue Ismael. No obstante, no era el
hijo que Dios les había prometido y este causó
problemas constantes. Catorce años después,
en el tiempo señalado, Sara dio a luz a Isaac, el
hijo de la promesa.

Así como sucedió con Sara, habrá momentos
en su vida cuando será tentado a forzar que las
cosas sucedan. Si usted deja ir a Ismael, Isaac
aparecerá. Aquello que Dios le prometió está
en su futuro. El tiempo ya ha sido establecido.
Sea paciente y confíe en que Dios cumplirá sus
propósitos.

No fuerce las cosas

*Deléitate asimismo en
Jehová, y él te concederá las
peticiones de tu corazón.*
SALMO 37:4 (RVR 1960)

10 DE
NOVIEMBRE

Existe una gran diferencia entre que Dios le conceda las peticiones de su corazón y que usted se esfuerce por hacer que sucedan. Cuando intentamos forzar las cosas, solo obtenemos una lucha constante. Se convierte en una carga. Pero si permite que Dios cumpla su propósito, en su tiempo, hallará gracia. Será todo más fácil. Sí, tendrá oposición. Pero sentirá una fuerza, una paz, el favor de Dios empujándolo para avanzar.

Aprendí hace mucho tiempo que Dios no necesita mi ayuda. No tiene que tratar de forzar las puertas para que se abran. No tiene que tratar de caerle bien a las personas o manipularlas para conseguir su amistad o un puesto. Solamente continúe honrando a Dios con su vida, mantenga su paz, confíe en su tiempo, y Dios abrirá puertas que ningún hombre podrá cerrar.

11 DE NOVIEMBRE

❖❖❖

Espere en Dios

Pero yo he puesto mi esperanza en
el Señor; yo espero en el Dios de mi
salvación. ¡Mi Dios me escuchará!

MIQUEAS 7:7

Un par de años después de que mi padre falleció, surgió en mí en fuerte deseo de escribir un libro, pero no conocía ninguna editorial. Varias veces llamé a un amigo que conocía a un editor, pero no me sentía bien al respecto. A lo largo de los siguientes años, se me acercaron varias editoriales, pero por dentro podía escuchar una voz suave diciéndome: "Joel, sé paciente. Algo mejor está por venir". No me preocupé por ello.

Cierto día, a raíz de una serie de eventos inusuales, conocí una editorial. Supe que eran las personas correctas. Me sentía bien al respecto. Cada pieza encajó en su lugar. Y ese libro *Su mejor vida ahora* se convirtió en un éxito inmenso y se publicó en diversos idiomas. Eso es lo que sucede cuando espera el tiempo de Dios. Él le dará lo que le prometió.

12 DE NOVIEMBRE

❖

Los deseos de su corazón

Toda obra del Señor tiene un propósito…
PROVERBIOS 16:4

Si usted recibe un informe médico negativo, pierde su cliente más importante, o alguien trata de hacerlo ver mal, es fácil quedar alterado y pensar: *Tengo que hacer algo y aclarar las cosas. Voy a corregir a esa persona. Necesito obtener un segundo empleo. Nunca lo voy a lograr sin ese cliente.*

Usted puede hacer lo correcto en el momento equivocado y perder lo mejor de Dios. El tiempo lo es todo. Sea paciente y permita que Dios abra las puertas. Quizá usted tenga que llamar. Usted tendrá que esforzarse. Soy de los que creen que hay que ser enérgicos y perseguir los sueños, pero no tiene que forzar las puertas para que se abran. Si permanece paciente y espera en los tiempos de Dios, Él le concederá los deseos de su corazón.

Quédese quieto y sepa

"Quédense quietos, reconozcan que yo soy Dios".
SALMO 46:10

13
DE
NOVIEMBRE

Cuando se sienta abrumado y esté tentado a tomar cierto asunto en sus propias manos, necesita quedarse quieto. Esto es cuando muchas personas toman decisiones rápidas que solo hacen que las cosas terminen peor. La batalla no es suya. La batalla es del Señor. Pero mientras usted esté peleando, tratando de que las cosas sucedan a su manera, Dios va a retroceder un paso y le permitirá que usted lo haga por su propia cuenta. Pero cuando lo deja ir de sus manos y dice: "Dios, confío en ti. Sé que ya has establecido el tiempo para sacarme de esto. Ya has señalado el tiempo para vindicarme. Ya has señalado el tiempo para traer sanidad. Así que voy a quedarme quieto y reconocer que eres Dios". Es allí cuando Dios peleará sus batallas.

Muestra su poder

"No habrá para qué peleéis
vosotros en este caso; paraos,
estad quietos, y ved la salvación
de Jehová con vosotros".
2 CRÓNICAS 20:17 (RVR 1960)

Los israelitas se encontraban rodeados por un gran ejército y superados grandemente en número. Estaban tan preocupados y estresados. Justo antes de salir a la batalla, decidieron orar. Observe la condición. Si usted se queda quieto y permanece en paz, Dios va a tornar su situación. Dios lo va a restaurar. Él lo vindicará.

Quizá esté enfrentando un gran desafío. Se encuentre molesto y frustrado. Dios le está diciendo lo que les dijo a ellos: "Quédate quieto. Ya he establecido el tiempo no solo para librarte, sino para sacarte aún mejor de lo que estabas antes". Ahora haga su parte y descanse. Tal vez no entendamos por qué algo se esté demorando tanto, pero a veces Dios retrasa una respuesta a propósito, simplemente a fin de mostrar su poder de una manera mayor.

Preparado con mucha anticipación

"¿No te has dado cuenta? ¡Hace mucho tiempo que lo he preparado! Desde tiempo atrás lo vengo planeando, y ahora lo he llevado a cabo…".
ISAÍAS 37:26

Su situación tal vez se esté tomando más tiempo del que había pensado. Quizá sea algo más difícil de lo que haya alguna vez experimentado. Eso no significa que Dios se tomó vacaciones y que ya no se preocupa. Dios no lo ha resuelto todavía porque quiere mostrar su favor en su vida de una manera asombrosa. Dios va a mostrar su fuerza, su sanidad, su bondad y su poder como nunca se han visto. Usted debería también prepararse. Cuando Dios lo libre, nadie a su alrededor tendrá duda alguna de que el Dios que usted sirve es un Dios asombroso.

A causa de su fe y paciencia, creo y declaro que va a entrar en los tiempos señalados de su favor. Dios le va a conceder las peticiones de su corazón.

Cuando éramos pecadores

Pero Dios demuestra su amor por nosotros en esto: en que cuando todavía éramos pecadores, Cristo murió por nosotros.

ROMANOS 5:8

La mayor parte del tiempo creemos que Dios nos ama siempre y cuando tomemos buenas decisiones, resistamos la tentación y tratemos bien a las personas. Sabemos que Dios está de nuestro lado. No obstante, va a haber ocasiones en las que va a transgredir, tiempos en los que tenga dudas, momentos en los que fracase. Cuando no nos desempeñamos perfectamente, es fácil pensar que Dios se ha alejado.

Digo esto con respeto, pero algunas veces la religión aparta a las personas. Dice: "Si le da la espalda a Dios, Él le dará la espalda a usted. Si toma malas decisiones, no espere que Dios lo ayude". Pero la verdad es que cuando cae, Dios no lo abandona, sino que viene corriendo hacia usted. Cuando falla, Dios no dice: "Qué mal. Tuviste tu oportunidad". Él viene en pos de usted con un amor mayor.

Personas imperfectas

*"Todavía estaba lejos cuando su padre lo
vio y se compadeció de él; salió corriendo
a su encuentro, lo abrazó y lo besó".*

LUCAS 15:20

Cuando comete un error, Dios lo ama tanto que va en pos de usted. Él no lo dejará solo hasta que lo vea restaurado y de vuelta en el camino correcto. Le mostrará su amor de una manera mayor. Enviará a personas para que se crucen en su camino a fin de alentarlo y ayudarlo a reencender su fe. Esa es la misericordia de Dios que viene hacia usted, diciendo: "Quizá fallaste, pero aún eres mi hijo. Quizá me decepcionaste, pero yo no te voy a decepcionar. Quizá hayas perdido la fe en mí, pero yo no he perdido mi fe en ti".

No tenemos que realizar un desempeño perfecto en el que nunca dudemos ni cometamos errores. Ciertamente, deberíamos hacer nuestro mejor esfuerzo cada día para honrar a Dios. Pero Dios ama a las personas imperfectas.

Su maravilloso amor

Entonces Pedro se acordó de lo que Jesús había dicho: "Antes de que cante el gallo, me negarás tres veces". Y saliendo de allí, lloró amargamente.

MATEO 26:75

Antes de que Jesús escogiera a Pedro para ser su discípulo, Jesús sabía que Pedro lo negaría; no obstante, lo escogió de todos modos. Dios conoce cada uno de los errores que vamos a cometer. Se puede imaginar cómo se habrá sentido Pedro cuando negó conocer a Jesús durante su juicio. Cuando Jesús estaba en su momento más bajo, si hubiese necesitado a un amigo que lo defendiera, habría sido en ese preciso momento, pero Pedro no lo hizo. Sin duda se estaba autocastigando con la culpa por haber traicionado a Jesús.

La buena noticia es que Dios aún escogió a Pedro, y Él también nos escoge a nosotros y nos dice: "Ese es mi hijo". Él también lo ayudará a cumplir su destino como lo hizo con Pedro. ¿Por qué? Porque el amor de Dios no se basa en nuestro desempeño. Se basa en nuestra relación. Nosotros somos sus hijos.

Dios viene en pos de usted

"Pero vayan a decirles a los discípulos y a Pedro: 'Él va delante de ustedes a Galilea. Allí lo verán, tal como les dijo'".
MARCOS 16:7

Todos cometemos errores; pero ninguno de nosotros ha fallado tanto como Pedro en su traición a Jesús. Uno podría pensar que Pedro habría perdido su destino. Con seguridad Dios no querría tener nada que ver con él. No; cuando usted falla, Dios no lo ama menos. Él viene en pos de usted.

Jesús fue crucificado un día viernes. El domingo por la mañana, un ángel apareció y le dijo a María Magdalena: "Ustedes buscan a Jesús el nazareno, el que fue crucificado. ¡Ha resucitado! Pero vayan a decirles a los discípulos y a Pedro ". Dios estaba diciendo: "Pedro, sé que piensas que no voy a querer tener nada que ver contigo. Pero Pedro, cuando tú me das la espalda, yo no te doy la espalda".

Reciba la misericordia de Dios

Ahora, pues, ninguna condenación hay para los que están en Cristo Jesús, los que no andan conforme a la carne, sino conforme al Espíritu.
ROMANOS 8:1 (RVR 1960)

Después de su traición a Jesús, Pedro pudo haberse quedado estancado en la condenación y en la culpa. Puedo imaginarme que cuando escuchó a María decir: "Pedro, el ángel dijo específicamente que te dijéramos que Jesús está vivo", algo se encendió en su interior. Se sacudió la culpa, se sacudió la autocompasión, y dijo: "Quizá falle en el pasado, pero eso no tiene que detenerme en mi futuro. Todavía voy a convertirme en quien Dios destinó que yo fuera".

Dios les dice a todos aquellos que han fallado, aquellos que han cometido errores: "Aún te amo. Todavía creo en ti. Si te despojas de la culpa y avanzas, yo todavía te llevaré a donde debes estar". Haga su parte y reciba la misericordia de Dios.

Restauración

*Los que creyeron lo
que Pedro dijo fueron
bautizados y sumados a
la iglesia en ese mismo día,
como tres mil en total.*
HECHOS 2:41 (NTV)

No mucho tiempo después de que Pedro fue perdonado y restaurado por haber negado a Jesús, salió a ministrar, y tres mil personas aceptaron a Jesús —el mayor registro en la Escritura—. Dios no nos olvida cuando cometemos errores. Dios no cancela nuestro destino por habernos desviado del camino.

Quizá usted hoy se sienta desanimado porque no está en el lugar donde pensó que estaría en la vida. Ha tomado algunas malas decisiones y ahora le está dando lugar al peso de la culpa. Ese peso lo está alejando de lo mejor de Dios. Dios está llamando hoy su nombre, diciendo: "Te he perdonado. No estoy decepcionado de ti ni reteniendo mi bendición. Todavía tengo un futuro asombroso por delante". Él está corriendo hacia usted.

El Dios de Jacob

*"Yo soy el Dios de tu padre.
Soy el Dios de Abraham,
de Isaac y de Jacob".*
ÉXODO 3:6

La Escritura habla acerca del Dios de Abraham, el Dios de Isaac y el Dios de Jacob. Puedo entender que sea el Dios de Abraham, el padre de nuestra fe. Puedo entender que sea el Dios de Isaac, quien fue extremadamente obediente, incluso dispuesto a ser sacrificado. Pero cuando dice que Él es el Dios de Jacob, no tiene mucho sentido. Jacob era un defraudador. Iba por allí engañando a la gente. Jacob era conocido por tomar malas decisiones.

¿Qué estaba diciendo Dios? "No solo soy el Dios de las personas perfectas. No solo soy el Dios de las personas que nunca cometen errores. Soy el Dios de las personas que han fallado. Soy el Dios de las personas que han fracasado".

❋

Él es su Dios

Entonces el hombre le dijo: 'Ya no te llamarás
Jacob, sino Israel, porque has luchado con
Dios y con los hombres, y has vencido.
GÉNESIS 32:28

Es interesante observar que más tarde en la vida de Jacob, cuando enderezó su camino, Dios cambió su nombre de Jacob a Israel. Eso fue para marcar su nuevo comienzo. Se podría conocer a Dios como el Dios de Abraham, de Isaac y de Israel. Ese fue el nuevo nombre redimido de Jacob. Sin embargo, Dios a propósito lo dejó como el Dios de Abraham, de Isaac y de Jacob para establecer para siempre que "no solo soy el Dios de las personas perfectas. También soy el Dios de las personas imperfectas".

Quizá haya cometido errores, pero cobre ánimo. Él es el Dios de Jacob. Él todavía es su Dios. Tal vez pudo haber perdido el control, luchado con una adicción o comprometido su integridad. No se recrimine Él es el Dios de Jacob. Él también es su Dios.

❖❖❖

Jesús el Mesías

'Ése soy yo, el que habla contigo 'le dijo Jesús.
JUAN 4:26

Juan 4 relata la historia de Jesús cuando conoce a una mujer conocida como "La mujer del pozo". Había estado casada cinco veces y se encontraba viviendo con un sexto hombre. Puede imaginarse su quebranto y dolor. Estoy seguro de que se sentía golpeada por la vida; no viviendo realmente, sino solo existiendo. Su Palabra dice que Jesús "tenía que pasar por Samaria", aunque había un camino más corto hacia tal destino. A propósito, Él fue a expresar su amor por ella.

Resulta interesante que a la primera persona a quien Jesús se le reveló como el Mesías no fueran los líderes religiosos. No fueran los sacerdotes y los rabinos de la sinagoga. Fue a esta mujer; una mujer que había cometido errores, una mujer que había sido golpeada por la vida; una persona imperfecta. Ese encuentro cambió su vida.

Regrese al juego

*Así que acerquémonos
confiadamente al trono
de la gracia para recibir
misericordia y hallar la gracia
que nos ayude en el momento
que más la necesitemos.*

HEBREOS 4:16

25
DE
NOVIEMBRE

Muchas personas, al igual que "La mujer del pozo", están sentadas en el banco de la vida. Sienten como si hubieran fallado demasiadas veces. Ahora están permitiendo que las voces acusadoras los convenzan de que ya están acabados. "Dios está decepcionado de ti. No puedes esperar su favor".

Usted tiene que recibir esta verdad en lo profundo de su ser. Quizá haya cometido errores, pero Dios está corriendo hacia usted. Él no lo ama menos. Él lo ama más. Deje de pensar en lo que pudo o debió haber sido, y regrese al juego. Usted no tiene por qué estar sentado en el banco. Dios no está decepcionado de usted. Haga su parte y comience a avanzar. Todavía puede cumplir su destino. La misericordia de Dios es mayor que cualquier error que haya cometido.

Porque los ojos de Jehová contemplan toda la tierra, para mostrar su poder a favor de los que tienen corazón perfecto para con él.

2 CRÓNICAS 16:9 (RVR 1960)

La Escritura no dice que Dios busca un desempeño perfecto. Dios busca personas que tengan un corazón perfecto para con Él. Significa que se levanta cada día con un deseo de agradar y honrar a Dios. Pero tendrá momentos cuando caiga en la tentación. La buena noticia es que eso no cancela su destino. Su desempeño puede no ser perfecto, pero a causa de que su corazón es perfecto para con Dios, Él aún tiene algo maravilloso en su futuro.

No puede cambiar el pasado. Aprenda de sus errores, pero no se quede estancado allí. Reciba la misericordia de Dios. Sea lo suficientemente valiente para decir: "Dios, me equivoqué. Sé que estuve mal. Pero Dios, sé que no me lo reprocharás. Sé que eres el Dios de las personas imperfectas".

Cuando duda

*"Pon tu dedo aquí y mira
mis manos. Acerca tu
mano y métela en mi
costado. Y no seas incrédulo,
sino hombre de fe".*
JUAN 20:27

Cuando Jesús resucitó de la tumba, todos estaban muy emocionados, excepto Tomás. Él había pasado tanto tiempo con Jesús como el resto de los discípulos; sin embargo, ellos estaban llenos de fe. Tomás, en cambio, estaba lleno de dudas y preguntas. Cierto día, estaban juntos en un aposento, y Jesús entró caminando *a través* de las puertas y se dirigió directo hacia Tomás. Él no dijo: "Tomás, ¿cuál es tu problema?". Fue como si dijera: "Tomás, entiendo. Por esa razón vine primero contigo. Ahora siente las marcas de los clavos en mis manos".

Observe el patrón. Cuando tiene dudas como Tomás, cuando falla como lo hizo Pedro, cuando fracasa como la mujer que estuvo casada cinco veces, pensamos que Dios está lejos de nosotros, pero es justo lo opuesto. Dios vino a las personas que tenían dudas antes de acudir a las personas que tenían fe.

El fracaso es un suceso

Pero ya han sido lavados, ya han sido santificados, ya han sido justificados en el nombre del Señor Jesucristo y por el Espíritu de nuestro Dios.

1 CORINTIOS 6:11

Tomás dudó solo una vez; sin embargo, la gente lo ha etiquetado como "Tomás, el que dudó". La buena noticia es que Dios no nos juzga por un error. ¿Sabe cómo lo llama Dios? Tomás, el que creyó; Tomás, el perdonado; Tomás, el restaurado; Tomás, el sorprendente. Tomás siguió adelante para convertirse en aquel que llevó las Buenas Nuevas a la nación de la India.

A menudo, confundimos nuestro desempeño con nuestra identidad. Quizá haya fallado, pero no es un fracasado. Eso fue lo que hizo. El fracaso es un suceso. No es su identidad. Usted es hijo del Dios Altísimo. Ha sido escogido por el Creador del universo. Puede estar luchando con una adicción, pero usted no es un adicto. Eso fue lo que hizo, pero no es su identidad. Ese no es usted. Usted es libre.

No hay condenación

*Todo el que cree en él es declarado
justo ante Dios...*
HECHOS 13:39 (NTV)

En la vida, todos vamos a tener momentos en los que caigamos, cometamos errores y fallemos. Puedo asegurarle que aparecerán en la pantalla de su mente una y otra vez. Usted tiene que ser bueno para cambiar el canal. Deje de repasar todas las veces en que ha fracasado, las veces en que ha caído en tentación, la vez en que ha arruinado la relación, la vez en que no funcionó. Lo único que eso va a hacer es deprimirlo.

Usted no va a ser libre de culpa o disfrutar la vida si constantemente está repasando los recuerdos negativos de su pasado. Si va a recordar algo, recuerde sus victorias. Haga hincapié en sus logros, sus batallas ganadas. Recuerde los momentos en que honró a Dios. Recuerde los momentos en que ayudó a alguien necesitado. Eso va a cambiar su perspectiva.

Viva en la luz

Pero si vivimos en la luz, así como él está en la luz, tenemos comunión unos con otros, y la sangre de su Hijo Jesucristo nos limpia de todo pecado.
1 JUAN 1:7

Amigo, sus pecados ya han sido perdonados. Cada error que haya cometido y que alguna vez cometerá ya ha sido pagado por completo. La verdadera pregunta es: ¿Recibirá la misericordia de Dios? No tiene que ir por la vida sintiéndose culpable, sin expectativas sobre su futuro. Dios está hoy corriendo hacia usted. Él le está diciendo: "Quizá hayas fallado. Tal vez fracasaste. Pero no me has decepcionado. Aún te amo. Aún creo en ti. Todavía tengo un futuro asombroso por delante".

Su desempeño pudo no haber sido perfecto, pero a causa de que su corazón es perfecto para con Él, Dios se va a manifestar de gran manera a su favor. Si se sacude la culpa y recibe la misericordia de Dios, no solamente vivirá más libre, sino que todavía se convertirá en todo lo que fue creado para ser.

1 DE DICIEMBRE

Un destino protegido

Por la fe entendemos haber sido constituido el universo por la palabra de Dios, de modo que lo que se ve fue hecho de lo que no se veía.
HEBREOS 11:3 (RVR 1960)

Cuando la Escritura hace mención de que el universo fue constituido por la Palabra de Dios, no solo está hablando del *universo* físico. Este término en el idioma original es *eons*, que significa "edades" o "tiempos". Dios tiene un marco alrededor de sus tiempos. Él ha puesto un vallado, un límite alrededor de su vida. Nada puede penetrar esta protección sin que Dios lo permita. Los problemas, las enfermedades, los accidentes no pueden suceder simplemente al azar. Esta protección está establecida.

Esta es una protección de su destino establecida por el Creador del universo. No solo nada puede entrar sin el permiso de Dios, sino que no puede cometer ningún error lo suficientemente grande como para romper ese marco.

La protección de Dios

*El necio da rienda suelta
a toda su ira, mas el
sabio al fin la sosiega.*

PROVERBIOS 29:11 (RVR 1960)

Un hombre me contó que estaba tan cansado de la arrogancia de su jefe, que estaba a punto de decirle a su jefe lo que pensaba de él, sabiendo que sería despedido. Mientras estaba recostado en su cama la noche anterior, tenía su discurso preparado y estaba repasando cada palabra. A la mañana siguiente, lo primero que hizo fue entrar en la oficina de su jefe sin llamar a la puerta. Y entonces sucedió algo de lo más extraño. No podía recordar qué iba a decir. Miró a su jefe y le dijo: "Eh eh ¿le gustaría una taza de café?". Su mente quedó completamente en blanco.

¿Qué sucedió? Dio contra el marco. Dios sabe cómo protegerlo, no solo de los accidentes, no solo de las personas equivocadas. Dios lo protegerá de usted mismo. Algunas veces nosotros somos lo más peligroso que enfrentamos.

Ese es el marco

3 DE DICIEMBRE

Todos deben estar listos para escuchar, y ser lentos para hablar y para enojarse; pues la ira humana no produce la vida justa que Dios quiere.
SANTIAGO 1:19-20

Un coche se le cruza en la autopista, y está a punto de hacerles una señal con su mano. Pero cuando se acerca furioso al coche por un costado, en vez de hacer lo que había pensado, simplemente sonríe y los saluda amigablemente.

¿Qué sucedió? Chocó contra su marco. Esta guarda lo ha mantenido alejado de más problemas de lo que se imagina. Más le vale agradecerle a Dios por su guarda o quizá ya no tendría empleo. Si no fuera por su marco, probablemente ya no estaríamos casados. Cuántas veces estuvimos a punto de decirle a nuestro cónyuge exactamente lo que pensábamos, y exactamente lo que debían hacer, y escuchamos el silbo apacible diciéndonos: "No lo hagas. Muérdete la lengua. Aléjate". Seguimos el consejo. Ese es el marco.

350

Justo al límite

"¡Bendito sea el Señor, que...libró a este siervo suyo de hacer mal...".
1 SAMUEL 25:39

En la historia que se registra en 1 Samuel 25, después de que David y sus hombres habían protegido a un hombre rico y malvado llamado Nabal, quien tenía miles de ovejas, David estaba furioso por la falta de respeto extrema que Nabal le mostraba. Dios envió a Abigail, quien era esposa de Nabal, a fin de interceptar a David antes de que se vengara contra él. Ella convenció a David de que sus acciones podrían arruinar su destino.

¿Sabe qué era Abigail? Ella era parte del marco. Dios ordenó que ella estuviera allí en el momento preciso, para saber exactamente lo que debía decir. Si David se hubiera distraído, habría matado a Nabal y a todos sus hombres y hubiera causado todo un revuelo por derramar sangre inocente; ese error le hubiera costado el trono. David llegó justo al límite; pero chocó contra su marco.

❖✦❖

Rodeado por el marco

*El Señor, por su parte, dispuso un enorme
pez para que se tragara a Jonás, quien pasó
tres días y tres noches en su vientre.*

JONÁS 1:17

Jonás experimentó el marco de Dios. Dios le
dijo que fuera a la ciudad de Nínive, pero él
desobedeció y partió en la dirección opuesta.
Dios siempre le permitirá hacer lo que usted
quiera, pero Él es tan misericordioso que en
algún punto, se va a chocar con su marco. Jonás
se fue en la dirección equivocada y terminó
siendo echado por la borda y tragado por un
gran pez.

Jonás no se dio cuenta de que Dios había
puesto un marco alrededor de su vida. Sí, cometió un error, pero no salió de su marco. Dios
permitió la dificultad en el marco de Jonás, no
para dañarlo sino para empujarlo hacia su destino divino. Ese pez fue parte del marco de
Jonás. Tres días después, ese pez lo vomitó en
tierra seca. Jonás dijo: "¿Saben qué? Creo que
voy a ir a Nínive después de todo".

6 DE DICIEMBRE

❖❖❖

Límites poderosos

Si me elevara sobre las alas del alba, o
me estableciera en los extremos del
mar, aun allí tu mano me guiaría, ¡me
sostendría tu mano derecha!

SALMO 139:9-10

Al igual que Jonás, usted puede correr tanto como quiera, pero la buena noticia es que nunca se saldrá de su marco. Seguirá chocándose contra el mismo una y otra vez, pero siempre lo hará regresar a su destino divino.

Dios ha puesto un marco que usted no puede penetrar. El enemigo no lo puede penetrar. Las drogas no lo pueden penetrar. Las personas incorrectas no lo pueden penetrar. El Dios Altísimo lo ha cercado. Ha puesto límites alrededor de su vida tan fuertes que todas las fuerzas de oscuridad no pueden entrar y usted no puede salir. Y sí, podemos cometer errores. Podemos huir del llamado. Podemos tratar de ignorarlo. Pero el marco alrededor de su vida fue constituido antes de la fundación de los tiempos. Cuando Dios sopló aliento de vida en usted, Él rodeó su mundo con su marco.

Para sus hijos

"En efecto, la promesa es para ustedes, para sus hijos y para todos los extranjeros, es decir, para todos aquellos a quienes el Señor nuestro Dios quiera llamar".

7
DE
DICIEMBRE

HECHOS 2:39

Padres, Dios tiene a las personas correctas, no solamente preparadas para ustedes sino también para sus hijos y nietos. Ellos han sido rodeados. Pueden desviarse del camino, pero tarde o temprano se chocarán con el marco. Pueden juntarse con malas compañías, pero el marco no se moverá. Pueden tratar de huir de su destino, pero se van a chocar contra el marco una y otra vez, hasta que finalmente digan: "Estoy cansado de luchar. Dios, haz tu voluntad en mi vida".

Deje de preocuparse por ellos y comience a agradecerle a Dios por su guarda. Alíñese con Dios y diga: "Señor, quiero agradecerte porque mis hijos han sido rodeados por tu protección. Los entrego en tus manos. Y Señor, tú dijiste que la descendencia de los justos sería bendecida".

El poder de la oración

Al recordarte de día y de noche en mis oraciones, siempre doy gracias a Dios, a quien sirvo con una conciencia limpia como lo hicieron mis antepasados.

2 TIMOTEO 1:3

Conozco a una madre quien estaba sumamente preocupada por su hijo. Él se estaba juntando con malas compañías y terminó en la cárcel. Un domingo por la mañana, estaba discutiendo con otro preso sobre qué ver en la televisión, cuando otro interno de gran tamaño, que parecía un jugador de fútbol americano profesional, tomó el control remoto y le dijo: "Hoy vamos a ver a Joel, y tú lo vas a ver conmigo". ¿Qué sucedió? Se topó con su marco. A medida que su hijo veía el programa, comenzó a sentir la presencia de Dios. Empezó a llorar. Allí mismo en la cárcel, ese preso grandulón lo llevó a Cristo.

Quizá no vea cómo pueda suceder. Ese no es su trabajo. Su responsabilidad es permanecer en paz, sabiendo que sus hijos están rodeados. Sus oraciones están activando el poder de Dios.

Aun cuando nosotros...

Pero el Señor hizo hablar a la burra, y ella le dijo a Balán: '¿Se puede saber qué te he hecho, para que me hayas pegado tres veces?
NÚMEROS 22:28

Cuando tenía diecinueve años, me encontraba conduciendo de regreso a casa muy tarde en la noche. No había casi nadie en la autopista. Entonces, pensé: *¿Me pregunto qué tan rápido puede ir este coche?* Así que pisé a fondo el acelerador y mi coche se disparó por la autopista cuando noté que había otro coche al lado mío. Pensé: *Quiere desafiarme a una carrera.* Así que apreté el acelerador todavía más a fondo. Cuando volví a mirar, me estaba mostrando su placa de policía. Mi corazón se detuvo. Conduje a treinta millas por hora (cincuenta kilómetros por hora) el resto del camino a casa.

Incluso cuando hagamos cosas tontas, no podemos salirnos del marco. Dios siempre tendrá a la persona correcta, ya sea un oficial de policía o a una burra, para mantenernos dentro del marco.

No funciona dar patadas

Y le dijo: Yo soy Jesús, a quien tú persigues; dura cosa te es dar coces contra el aguijón.

HECHOS 9:5 (RVR 1960)

En la Escritura había un hombre llamado Saulo que era perseguidor de los creyentes, dañando más al pueblo de Dios que ninguna otra persona de ese tiempo. Cierto día, lo rodeó un resplandor de luz del cielo y cayendo en tierra quedó ciego. Luego Dios en efecto dijo: "Saulo, te tengo rodeado. Has tratado de dar patadas, tratado de correr, tratado de ignorarlo, pero el marco que establecí no se va a mover. Tengo un destino que debes cumplir, el cual no es detener mi obra; sino extenderla". La voz le dijo a Saulo que vaya a la ciudad y busque a Ananías, quien oró por Saulo. Él recuperó la vista. Saulo se convirtió en el apóstol Pablo, quien escribió casi la mitad de los libros del Nuevo Testamento.

Su llamado es irrevocable

...porque las dádivas de Dios son irrevocables,
como lo es también su llamamiento.

ROMANOS 11:29

El Creador del universo ha puesto un marco alrededor de su vida. Usted puede dar patadas, correr y tratar de ignorarlo. Eso solo lo va a hacer sentir más miserable. Es difícil continuar luchando contra el llamado de Dios para su vida, el destino que tiene que cumplir. Dios no va a remover ese marco.

Será sabio si usted simplemente se rinde y dice: "Dios, mi vida está en tus manos. Voy a vivir para ti. Voy a deshacerme de estos amigos que me están hundiendo. Voy a buscar ayuda con estos malos hábitos. Voy a ir a la iglesia para servir y crecer. Voy a perseguir los sueños que has puesto en mi corazón". Cuanto más pronto lo haga, más feliz y más satisfactoria será su vida.

12 de diciembre

Nada sucede sin su permiso

Podrán caer mil a tu izquierda, y diez mil
a tu derecha, pero a ti no te afectará.

SALMO 91:7

Parte de este marco es un muro de protección alrededor de su vida, el cual el enemigo no puede cruzar. Un amigo mío estaba conduciendo de regreso a su hogar y se detuvo en un semáforo. Cuando cambió a verde, miró en ambas direcciones. Luego algo le dijo fuertemente: "¡Mira de nuevo!". Un auto venía a toda velocidad sin la intención de detenerse y cruzó el semáforo en rojo. Si no hubiera mirado la segunda vez, habría sido embestido.

¿Sabe qué fue eso? El marco. Si no es su hora de partir, el enemigo no puede llevarlo. El marco que ha sido puesto alrededor de su vida fue establecido allí por el Dios Altísimo. Es como si el salmista dijera: "No estoy preocupado. A mí no me afectará. Sé que hay un marco alrededor de mi vida. Nada puede suceder sin el permiso de Dios".

13 DE DICIEMBRE

Al amparo de su refugio

Porque en el día de la aflicción él me resguardará en su morada; al amparo de su tabernáculo me protegerá, y me pondrá en alto, sobre una roca.
SALMO 27:5

Una vez alguien se quejó conmigo porque le chocaron su coche nuevo en la autopista y quedó completamente destrozado. No sabían si el seguro lo iba a cubrir. Estaban molestos y desanimados. Me dijeron: "Si tengo este muro de protección, ¿cómo es posible que haya tenido un accidente?".

Mantenga la perspectiva correcta. Quizá haya perdido su coche, pero gracias al marco, usted no perdió su vida. Estoy convencido de que Dios nos protege de tantas cosas de las que no somos siquiera conscientes. Gracias al marco, no tuvo un accidente. Gracias a su guarda, usted no se encuentra en el hospital. Gracias al marco, no fue despedido. Gracias al marco, sus hijos están saludables y en completa salud.

Puesto allí por Dios

"…y yo completaré el
número de tus días".
ÉXODO 23:26 (RVR 1960)

Cuando estuve en el Centro Médico Militar Brooke, una pareja me pidió que orara por su hijo quien había sufrido quemaduras graves cuando era soldado en Irak. A la medianoche, había estado abasteciendo los grandes tanques de gasolina, cuando algo provocó que los tanques se encendieran. Al despertar, estaba bocarriba en el suelo, quemándose, sin poder moverse. De la nada aparecieron dos civiles iraquíes, y comenzaron a rodarlo en la tierra para detener el fuego. Lo asombroso es que esos hombres no tenían permitido estar en la base. Los padres me dijeron: "Esos hombres fueron puestos allí por Dios para salvar a nuestro hijo". ¿Sabe qué fue eso? El marco. No era su tiempo de partir. Dios es mayor que una explosión, mayor que un accidente. Dios lo tiene dentro de su muro de protección.

Ni la muerte

"…y el que vive. Estuve muerto, pero ahora vivo por los siglos de los siglos, y tengo las llaves de la muerte y del infierno".
APOCALIPSIS 1:18

Cuando tenía diez años, nuestra familia viajó a Hawái. Estábamos tan emocionados, y los cinco niños corrimos a la playa para jugar con las grandes olas. Sin embargo, en medio de la emoción, miramos y no podíamos encontrar a mi hermana de ocho años, April. La buscamos como locos. Estábamos seguros de que April se había ahogado. Una hora y quince minutos después, la encontramos viva y bien. Se había quedado dormida en su flotador y se fue a la deriva casi dos millas (más de tres kilómetros) por la costa. Dios la tenía rodeada con su muro de protección.

La muerte no puede penetrar su marco. Dios tiene que permitirlo. Siempre le digo a las personas que han perdido a un ser querido, especialmente si partieron a una temprana edad, que el enemigo no tiene el poder de llevarse a nuestros seres queridos. Dios los llamó a casa. Dios los recibió en su presencia.

Bajo su protección

"¿Acaso no están bajo tu protección él y su familia y todas sus posesiones?".

JOB 1:10

Satanás estaba buscando a alguien a quien probar. Dios le dijo a Satanás: "¿Te has puesto a pensar en mi siervo Job? No hay en la tierra nadie como él". Satanás le respondió algo interesante. Le dijo: "¿Acaso no están bajo tu protección él y su familia y todas sus posesiones?".

Lo que quisiera que viera es que el enemigo no puede hacer lo que se le plazca. Tiene que pedirle permiso a Dios. Dios tiene que permitírselo. Job atravesó un tiempo de prueba. Peleó la buena batalla. Y al final, no solo no maldijo a Dios, sino que terminó con el doble de sus posesiones. Cuando pase por momentos difíciles, no se desanime. Recuerde, el marco sigue en pie. Continúe avanzando, y Dios lo dejará mejor de lo que estaba antes.

17 DE DICIEMBRE

❧❧❧

Nada puede separarnos

*…ni la muerte ni la vida…ni lo presente
ni lo por venir, ni los poderes…podrá
apartarnos del amor que Dios nos ha
manifestado en Cristo Jesús nuestro Señor.*
ROMANOS 8:38-39

No se preocupe sobre su futuro. Usted ha
sido rodeado. Hay límites alrededor de su
vida establecidos por la fuerza más poderosa
del universo. No solo nada puede entrar sin el
permiso de Dios, sino que usted no se puede
salir. Ahora bien, a lo largo del día, en lugar
de estar estresado, diga para sí: "Señor, gracias
porque mi vida está rodeada por tu protección.
Te agradezco porque mis hijos, mi salud, mis finanzas, mis sueños y mi futuro están rodeados.
Yo estoy protegido".

Si hace esto, no solo será más feliz, no solo
tendrá más paz, sino que Dios promete que com-
pletará el número de sus días. Usted verá su protección, su misericordia y su favor. Y nada podrá
separarlo de los propósitos de Dios para su vida.

❖

Comparta su vida

...así nosotros, por el cariño que les tenemos, nos deleitamos en compartir con ustedes no sólo el evangelio de Dios sino también nuestra vida.

1 Tesalonicenses 2:8

Muchas personas oran por un milagro. "Dios, por favor envíame un amigo. Dios, necesito ayuda con estos niños. Necesito capacitación. Dios, necesito una buena oportunidad". Tenemos que darnos cuenta de que podemos convertirnos en el milagro que ellos necesitan. Dios usa nuestra vida para tocar, animar y bendecir a otros. Dios traerá a personas a nuestro camino a fin de que podamos ser la respuesta a sus oraciones.

Aparte un tiempo para convertirse en un milagro. Sea consciente de quién está presente en su vida. Dios los puso allí con un propósito. Es porque usted está lleno de milagros. En usted hay sanidad. Hay restauración, hay amistad, hay nuevos comienzos. Usted puede levantar al caído. Puede restaurar al quebrantado. Puede ser amable con un extraño. Usted puede convertirse en el milagro de alguien.

Conviértase en un milagro

> *"Nadie tiene amor más grande que el dar la vida por sus amigos".*
> **Juan 15:13**

19
DE DICIEMBRE

Mi hermano, Paul, es cirujano y pasa tiempo en África operando a personas necesitadas en aldeas remotas. Una de las clínicas es solo un pequeño edificio de chapa que apenas tiene electricidad, suministros médicos insuficientes y un médico. Un joven llegó a la clínica porque había sido corneado por un colmillo de elefante, justo a través de su abdomen. Paul lo llevó a la sala de operaciones improvisada con la esperanza de poder salvar su vida, pero no había un suministro de sangre para reponerle a este hombre. Antes de que Paul llevara a cabo la operación, se tomó treinta minutos y dio de su propia sangre. Operó al joven y luego le repuso la sangre que había perdido con su propia sangre. ¿Qué estaba haciendo? Convirtiéndose en un milagro.

Sea la respuesta

> *...sino servíos por amor*
> *los unos a los otros.*
> **GÁLATAS 5:13 (RVR 1960)**

Quisiera que pueda ver que Dios ha puesto milagros en nosotros. Podemos ser la respuesta a la oración de alguien. Usted puede ser la oportunidad y ayuda que están buscando. Puede ser enseñarle a su compañero de trabajo las habilidades que sabe. O ayudar a esa familia que está luchando con la renta. O llevar a ese joven a la práctica de béisbol con su hijo cada semana. No es gran cosa para usted, pero es un milagro para ellos. Es lo que los va a empujar hacia su destino.

Si todos tuviéramos la actitud: *Soy un milagro esperando suceder,* ¿qué tipo de mundo sería este? Mire quién está en su vida. Escuche lo que están diciendo. ¿Hay alguna manera en la que usted pueda ayudar? Esas son oportunidades para convertirse en su milagro.

DE DICIEMBRE

Ofrezca devoción auténtica

Sean afectuosos unos con otros con amor fraternal; con honra, dándose preferencia unos a otros.

ROMANOS 12:10 (NBLH)

Un buen amigo mío creció en los suburbios siendo muy pobre. Su sueño era convertirse en un periodista de televisión. Contra todo pronóstico, obtuvo una beca para la universidad Ivy League cuyos estudiantes eran en su mayoría blancos. Él es afroamericano. Su compañero de cuarto, quien provenía de una familia muy prestigiosa, le dijo: "Si vas a ser un periodista, tienes que incrementar tu vocabulario". Todos los días durante cuatro años, su compañero de cuarto le enseñaba una nueva palabra y lo hacía emplearla en enunciados a lo largo del día.

¿Qué estaba haciendo su compañero de cuarto? Se estaba convirtiendo en su milagro. Se tomó el tiempo para interesarse por él. Se dio cuenta de que su amigo estaba en su vida por una razón. Hoy, este joven es uno de los principales periodistas en los Estados Unidos.

Reanime a otros

El que es generoso prospera; el que reanima será reanimado.

PROVERBIOS 11:25

Quizá sienta que usted es quien necesita un milagro. Esta es la clave. Si usted se convierte en un milagro, Dios siempre se va a asegurar de que usted reciba los milagros que necesita. Mientras esté sembrando estas semillas, las personas correctas, las decisiones adecuadas y las oportunidades que necesita estarán en su futuro. Si quiere que su sueño se haga realidad, ayude a que el sueño de alguien más se haga realidad.

No puede ayudar a todos, pero sí puede ayudar a alguien. Hay personas que Dios ha puesto en su camino y quienes están conectadas con su destino. Mientras las ayude a avanzar, usted avanzará también. A medida que usted supla sus necesidades, Dios suplirá las suyas. Alcanzar su máximo potencial depende de que usted ayude a alguien más a alcanzar su potencial.

Diga "Yo puedo"

Queridos hermanos, amémonos los unos a los otros, porque el amor viene de Dios, y todo el que ama ha nacido de él y lo conoce.

1 JUAN 4:7

Conocía dos mujeres y pensé que eran madre e hija. Pero la mujer mayor dijo: "No, no lo somos, pero es como si fuera mi hija". Me contó que antes de que nos mudáramos a las nuevas instalaciones de nuestra iglesia, le estaba comentando a un grupo de amigos que estaba preocupada sobre si podría seguir viniendo, porque no se sentía cómoda conduciendo en autopistas. Esta joven, a quien nunca había conocido antes, alcanzó a escuchar la conversación, se acercó y le dijo: "Yo puedo traerla". La mujer le dijo: "¿Estás hablando en serio? ¿Dónde vives?". Vivían a treinta minutos de distancia. Sin embargo, esta joven lo vio como una oportunidad de convertirse en un milagro. Ahora, cada domingo a la mañana, como reloj, la trae a la iglesia. Después de que la mujer mayor me contó la historia, abrazó a la joven y me dijo: "Joel, ella es mi milagro".

¿Cuál de ellos es usted?

"Se acercó, le curó las heridas con vino y aceite, y se las vendó. Luego lo montó sobre su propia cabalgadura, lo llevó a un alojamiento y lo cuidó".

LUCAS 10:34

Jesús narró una parábola sobre un hombre que había sido golpeado y lo dejaron en el suelo casi muerto. Un poco después, pasó primeramente un sacerdote y luego un levita (un asistente de los sacerdotes), pero siguieron su camino. Luego pasó un tercer hombre, un samaritano. Al igual que los dos primeros, pensó: *Con toda seguridad necesita un milagro*. Pero dijo: "Dios lo puso en mi camino para que pueda curarlo, para que pueda restaurarlo, para poder darle un nuevo comienzo", y así lo hizo.

¿Cuál de estos hombres es usted? Ayudar a otro puede ser la clave para ver que su situación se resuelva. Las personas que usted vea que necesiten ánimo, que necesiten que los lleve, que necesiten ayuda para cumplir un sueño, son oportunidades para que usted ascienda un nivel.

El corazón de Dios

La religión pura y sin mancha delante de Dios nuestro Padre es ésta: atender a los huérfanos y a las viudas en sus aflicciones...

SANTIAGO 1:27

En la parábola que leímos ayer, el sacerdote no tenía tiempo para ocuparse del hombre lastimado. Tenía sus obligaciones religiosas que cumplir en el templo. Después de todo, si lo ayudaba, podría mancharse su vestidura blanca o volverla "inmunda". Tenía todo tipo de excusas. Pero la verdadera religión se ensucia. La verdadera religión no se esconde detrás de vitrales o de ropa elegante; sino que va a donde están las necesidades.

Cuando usted se agacha para levantar a alguien, a los ojos de Dios, no puede estar más en alto. Cuando toma el tiempo para restaurar al quebrantado, animarlo, limpiarle sus lágrimas, dejándoles saber que hay nuevos comienzos; esa es la religión de la que habló Jesús. La verdadera religión no juzga a las personas para ver si merecen nuestra ayuda.

Lleno de milagros

Al oír esto, Jesús les contestó: 'No son los sanos los que necesitan médico sino los enfermos.

MATEO 9:12

Dios no nos llamó a juzgar a las personas; nos llamó a sanarlas. Nos llamó a restaurar a las personas. Nos llamó a convertirnos en sus milagros. Cualquiera puede encontrar fallas. Cualquiera puede criticar y presentar excusas para pasar de largo ante aquellos necesitados. Eso es fácil. ¿Pero dónde están las personas dispuestas a tomar el tiempo para amar? ¿Dónde están las personas que van a agacharse y a ensuciarse y a ayudar a restaurarlos con amor?

No sea un caminante que esté demasiado ocupado en su carrera. No sea solo alguien que sienta pena por otros. Conviértase en el milagro. Dios cuenta con nosotros. Usted puede levantar al caído. Puede sanar al herido. Puede ser amigo del solitario. Puede ayudar a que se cumpla un sueño. Usted está lleno de milagros.

Donde esté la necesidad

"...y Dios les enjugará toda lágrima de sus ojos".
APOCALIPSIS 7:17

Un día no habrá más tragedias, más enfermedad, más dolor. Pero mientras tanto, Dios cuenta con usted y conmigo para enjugar esas lágrimas. ¿Está restaurando al quebrantado? ¿Está tomándose tiempo para ayudar a alguien en necesidad? Es grandioso venir a la iglesia y celebrar. Eso es importante. Pero nuestra verdadera misión comienza cuando salimos de la iglesia. Mire a su alrededor y encuentre al desanimado. Tal vez no los escuche con sus oídos, pero puede escucharlos con su corazón. Usted ve cuando alguien está triste. De pronto, siente esa compasión fluyendo hacia ellos y piensa: *Necesito ir a alentarlos.* No lo posponga. Ese es Dios queriendo que usted traiga sanidad. Hay una lágrima que necesita ser enjugada.

Palabras amables

*Panal de miel son las palabras
amables: endulzan la vida
y dan salud al cuerpo.*
PROVERBIOS 16:24

No siempre nos damos cuenta de lo poderosos que en verdad somos. Dios ha puesto sanidad en usted. Sus abrazos pueden hacer que la gente mejore. Sus palabras amables pueden poner a las personas de vuelta sobre sus pies. Hay milagros en usted que esperan suceder: una llamada, llevar a alguien, invitar a alguien a cenar, alentarlos en sus sueños. Algunas personas solo necesitan saber que usted cree en ellos y escucharlo decir: "¡Eres maravilloso! Vas a hacer grandes cosas. Estoy orando por ti".

Aquello que le puede parecer simple y normal, algo intrascendente, se vuelve extraordinario cuando Dios sopla en ello. Puede dar vida. Puede ser el detonante que trae a otra persona de regreso a la vida. Puede ayudarlos a florecer en lo que fueron creados para ser.

29 DE DICIEMBRE

Sostenga sus brazos

Cuando a Moisés se le cansaron los brazos... Aarón y Jur le sostuvieron los brazos, uno el izquierdo y otro el derecho, y así Moisés pudo mantenerlos firmes hasta la puesta del sol.
ÉXODO 17:12

La Escritura relata que una vez Moisés se encontraba en la cima de una gran colina viendo una batalla que se estaba llevando a cabo. Él sostenía su vara en alto. Siempre que tenía su vara en alto, los israelitas iban ganando. Sin embargo, cada vez que bajaba sus manos, los amalecitas comenzaban a ganar. Finalmente, Moisés estaba demasiado cansado. Su hermano, Aarón, y un amigo llamado Jur se pusieron cada uno a un lado de Moisés, y sostuvieron sus brazos en el aire. A causa de que se convirtieron en el milagro, los israelitas obtuvieron la victoria.

Hay personas que Dios pone en nuestro camino que nos necesitan para sostener sus brazos. Necesitan de su aliento y saber que se preocupa por ellos. Haga lo mismo que hizo Aarón y Jur y conviértase en el milagro.

✦

Sírvanse unos a otros

"...sino que el que quiera hacerse grande entre vosotros será vuestro servidor, y el que de vosotros quiera ser el primero, será siervo de todos".

MARCOS 10:43-44 (RVR 1960)

Allá por el año 2012, una joven llamada Meghan era una corredora estrella de larga distancia en el equipo de atletismo de la escuela media-superior. En las finales estatales, ya había ganado el primer lugar en la carrera de mil seiscientos metros. Luego, cuando estaba llegando a la curva final de la carrera de tres mil doscientos metros, una chica frente a ella se desplomó en el suelo. Meghan se detuvo, levantó a la chica, puso sus brazos alrededor de sus hombros y comenzó a cargarla hacia la línea de meta.

La gente en las gradas comenzó a ovacionarlas. Cuando llegó a la meta, Meghan dejó que su oponente cruzara primero. Meghan dijo después: "Ayudarla a cruzar la meta fue más gratificante para mí que haber ganado el campeonato estatal".

Su luz despuntará como la aurora

"Si así procedes, tu luz despuntará como la aurora, y al instante llegará tu sanidad…".

ISAÍAS 58:8

Es maravilloso recibir un milagro, pero no hay mejor sentimiento que convertirse en uno. ¿A quién está cargando? ¿A quién está levantando? Su destino está conectado con ayudar a otros. Si usted se encarga de convertirse en un milagro, Dios se va a encargar de concederle sus milagros.

Usted es la respuesta a la oración de alguien más. Puede dar un abrazo rescatador esta semana. Puede ayudar a un amigo a cruzar la meta. Cuando salga cada día, tenga esta actitud: *Soy un milagro esperando suceder.* Si usted vive sin pensar en cómo obtener su milagro, entonces, tal como Dios lo prometió, su luz despuntará como la aurora. Su sanidad, su promoción y su vindicación pronto vendrán.

ANOTACIONES

ANOTACIONES

ANOTACIONES